음성의 분석과 합성의 원리

박 경 범 저

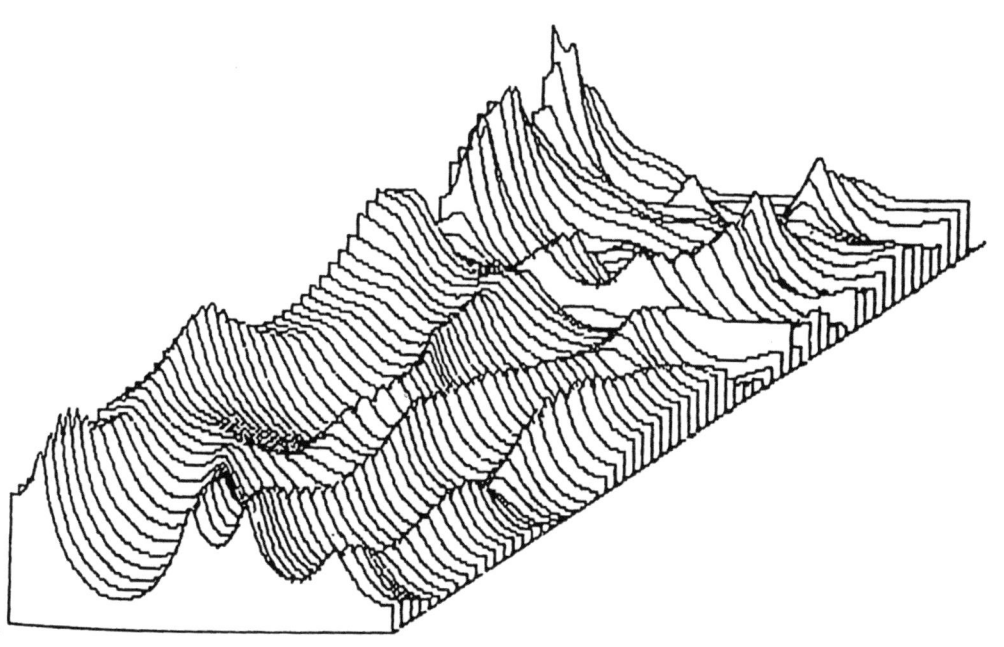

도서출판 思範商會

重刊에 부치는 말

이 책은 저자가 1980년대 韓國電子通信硏究所에서 音聲電子郵便 課題에 參與하면서 習得한 技術을 整理한 것이다. 당시로서는 斬新한 기술로 인식되었지만 실제적 응용은 그렇게 넓게 이루어지지는 않았다. 하지만 당시 이후 상당기간 線形豫測音聲分析의 理論은 많은 전자공학 대학원생의 학습과제가 되곤 하였다. 그것은 이 이론의 실용성을 넘어 학문적 깊이의 매력 때문이었을 것이다.

칸트는 우리가 접하는 現象의 本質 즉 物自體는 알 수 없다고 하였다. 이에 반해 헤겔은 현상의 구조적 관계를 분석하면 物自體는 우리에게 전혀 未知의 것은 아니리라고 했다.

사실 이것은 안다는 것의 臨界點의 差異일 뿐이다. 인간은 비록 물자체를 분명히 目擊은 못하였지만 그 진리에 가까이 가려는 노력은 늘 있었다. 특히 周易에서는 인간사회에서의 諸現象을 6빝(bit)의 정보 즉 六爻로 분류하여 64가지로 세상의 현상을 略述하기도 했다.

그러나 거의 무한의 변수에 의해 이루어지는 세상만사를 이러한 여섯 빝 정보로 표현한다는 것은 애초부터 無理인 것으로서 無知變數의 영향을 不知하는 부정확성과 오류는 피할 수 없는 것이다.

세상만물의 존재의 근원은 파동이라는 것은 量子物理學 등을 통해 알려진 사실이다. 그중 波動이 상대적으로 粗大하여 우리가 感覺이 가능한 것이 빛과 소리이다. 이 중 소리는 더욱 그 파동이 조대하여 우리가 그 본질 즉 물자체를 周波數分析(spectrum)으로 분명한 認知가 가능하다.

소리는 만물을 이루는 모든 것 중에 가장 단순하여 우리가 그 본질을 알고 우리 뜻대로 다룰 수 있다. 여러분이 이 책으로 소리의 본질 즉 소리의 물자체에 관한 인식을 얻는다면 森羅萬象의 眞理에 한층 다가가는 성과를 이룬 것이다.

끝으로 이 책의 재출간에는 도서정보화에 헌신했던 故최욱현 선생의 노고가 있었음을 잊지 않는다.

2025년 5월 著者

- 차 례 -

序 文 ··· 1

第1章. 音聲의 分析과 合成 ·· 9
1. 媒體란 무엇인가 ··· 9
2. 媒體의 定量化 ··· 11
   1) 音聲의 含有情報 ··· 11
   2) 源泉符號化의 방법 ··· 17
3. 음성의 발생형태 ··· 19
4. 음성의 분석과 합성의 원리 ···································· 21

第2章. 반복주기의 추출 ··· 31
1. 自己相關係數法 ··· 31
2. 平均差函數法 ··· 37
3. 單純化逆濾過追跡法 ··· 47
4. 逆周波數表 方式 ··· 63

第3章. 聲道濾過係數의 抽出 ·· 71
1. 성도여과계수의 의미 ··· 71
2. 자기상관계수법 ··· 73
3. 共分散係數法 ··· 77
4. 효과적인 성도여과계수 추출을 위한 필요 과정 ··········· 81

第4章. 音聲分析 89

1. 음성분석의 과정 89
2. 분석구간의 설정 89
3. 음성검출 90
4. 반복주기의 검출 94
5. 파형변수의 추출 95
6. 음성분석 電算文 96
　1) 평균차 함수법 96
　2) 단순화역여과추적법 104

第5章. 음성합성 113

1. 음성합성의 원리 113
2. 音聲合成 過程 127
　1) 초기치 설정 127
　2) 음성분석 결과 引受 127
　3) 변수의 補間 129
　4) 殘差신호의 발생 130
　5) 반사계수에 의한 음성합성 131
　6) 聲量의 조절 132
　7) 합성된 음성정보의 발생 혹은 저장 135
　8) 음성합성 電算文 135
　9) 결 과 140
3. 자기상관계수에 의한 방법과 공분산계수에 의한 방법의 비교 145

第6章. 音聲處理技法의 應用課題 147
1. 저장, 송신을 위한 정보의 압축 147
2. 재생 음성 속도의 자유조절 149
3. 재생 음성 높이의 자유조절 150
4. 입력 음성 높이의 인식 154
5. 문자음성출력기 155
6. 샘플러와 波形表 157
7. 선형예측계수에 의한 음성의 인식 158

第7章. 線形豫測分析係數를 이용한 高音質 低容量 문자음성출력기의 개발 161
1. 개요 161
2. 특징 161
  1) 샘플정보가 차지하는 용량의 대폭감소 161
  2) 출력발음의 자연스러운 흐름 162
  3) 자연스러운 억양출력의 점진적인 개선 162
  4) 자유로운 성량출력 163
  5) 사용자 기호와 여건에 맞은 음높이조정 163
3. 프로그램 체계 164
  1) 文章入力處理部 166
  2) 線形豫測係數音聲標本算出部 167
  3) 音聲合成出力部 168
4. 개발단계 및 기간 169
5. 성능요구사항 170

6. 응용분야 ··· 170
　1) 전자책읽기 ·· 170
　2) 컴퓨터 음성통신 ··· 171
7. 첨부 프로그램의 활용법 ··· 172
8. 電算文 ·· 173

참 고 문 헌 ··· 203
찾 아 보 기 ··· 204

序 文

　우리가 나날이 일상생활에서 서로간에 빈번히 교류하는 정보는, 우리가 우리의 감각기관으로써 느끼고 알 수 있는 여러 가지 樣式으로서 존재한다. 그에 따라서 컴퓨터에 의한 정보처리의 영역도 기존의 문자정보 이외에 영상, 음향 등의 여러 감각매체를 대상으로 확대 된지도 이미 오래다. 곧 多媒體의 시대를 맞이하여 컴퓨터에 의한 정보처리의 기술개발자들은 이들 감각매체 정보의 입출력 및 정보의 효과적인 運用에 대한 이해가 요구되고 있다.

　筆者는 예전에 연구기관에서 선형예측분석법에 의한 음성의 분석 및 합성에 관한 연구에 참여해본 바가 있었는데 당시에도 이 기술을 활용하여 음성/음악에 관련 프로그램을 개발하면 상당히 有用할 것이라는 구상을 했었다. 그러나 당시에는 컴퓨터에 連續信號/計數信號 變換器(Analog/Digital Converter)를 裝着하는 것만도 쉬운 일이 아니었다. 따라서 음성 정보처리 기술의 실용적 대중화는 가까운 앞날의 일로 여겨지지를 못했다.

　근래에 이르러 컴퓨터 소리카드(Sound Card)의 보급이 확산되고, 이제 컴퓨터에서의 음향정보 처리는 이 분야 전문인이라면 누구나 쉽게 실험해 볼 수 있게 되었다. 이렇게 이루어진 토대 위에서 디지탈 음성정보 처리 기술에서 빼놓을 수 없는 課程인 선형예측분석법에 관하여 우리말로 講論을 펴는 것은 의미 있는 일이 아닐 수 없다.

　본 책은 선형예측분석법을 그 원리가 되는 數式에 대한 설명과 함께, 실제 적용을 위한 프로그램 작업에 도움이 될 수 있는 자료를 실어 디지탈 음성처리 분야에 대한 효과적인 입문서로 사용될 수 있도록 하였다. 책의 말미에는 본 책의 과정을 마친 사람이 이론의 실제

2 음성의 분석과 합성의 의미

적용을 위해 구현해 볼 수 있는 과제를 몇 가지 예로 들었다. 구현의 방법은 소리카드가 장착된 컴퓨터에서 수행되는 소프트웨어 일 수도 있고 신호처리칩을 이용한 하드웨어 장치일 수도 있다. 본 책에서 구상된 음성처리 기능의 실제로의 구현이 본 책을 공부하는 목표인 것이다.

본 책을 통하여 이제까지 이론적 학습의 대상으로만 인식되어왔던 음성처리기술이 실제로 눈앞에서 개발하여 구현되어야 할 프로그램 과제로서 독자의 **意中**에 자리매김하게 된다면 **著者**는 그 보람과 만족을 가질 것이다.

學術語의 國語化를 위하여

　이 책을 펴냄에 있어 또한 짚고 넘어가고 싶은 것이 있다. 현존하는 디지탈 음성처리 관련분야 전문서적들은 거의가 외국의 原書들이어서 국내의 학생들에게 효과적인 학습기회를 반드시 제공해 주고 있으리라고 볼 수가 없다.
　우리는 어려서부터 한국어에 익숙해 왔고, 우리의 언어습관은 단순히 우리의 生을 통해 쌓여진 것을 넘어, 古來로부터 代代로 蓄積되어 민족단위로 형성된 하나의 思考類型이다. 우리의 언어생활 속에서 자란 학생들이 理工學을 학습하는데 있어, 해당 방면의 적성과는 반드시 일치하는 것이라고는 할 수 없는 또다른 외국어의 습득이 거의 필수적으로 요구된다는 것은 커다란 부담이 아닐 수 없다. 설령 영어를 충실히 학습한 이라 할지라도 평상시에 우리말의 어순과 체계를 따른 언어해석기(컴파일러)를 머리 속에 띄우고 있다가 이공학의 학습을 위해서는 또 다른 언어해석기를 머리 속에 다시 띄워야 한다는(booting) 것은 언어의미 해석의 효율성 면에서 떨어질 수밖에 없는 것이다.
　근래에 가장 보편적으로 쓰이는 理工學 논문의 표기 방식은 우리말을 골격으로 하면서 주요 영문용어들을 괄호 안에 첨부하는 것인데 이 방식으로도 일일이 영문용어의 발음을 한글로 앞에 표기하는 것에 번거로움을 느끼게 된다. 그러면 곧 철자수도 많고 혼돈의 우려가 있는 한글표기 대신 영문용어를 그대로 표기하는 것이 낫지 않을까 생각하게 된다.
　또한 그렇게 하고 나면 다시, '아예 모두 영문으로 서술하는 것이 더 편리하지 않은가' 하는 견해로 돌아오고 만다.

결국 우리의 학문 발전을 위해 근본적으로 요구되는 것은 학술용어의 우리말化이다. 그러나 이러한 원칙에는 모두들 동의하면서도 정작 그 실행에 있어서는 상당히 미미한 것이 우리의 현실이다. 흔히들 거론하는 기초적인 전산 용어들의 한글化만이 이 일의 전부가 아닌 것이다.

학술용어의 우리말化에 있어서 또한 유의할 것은 학문이란 것의 근본 성격에 대한 이해가 있어야 할 것이다. 학문은 민족을 초월한 인류공동문명의 所産이다. 이의 표현에는 보다 포괄적이고 복합적인 사회에서 발전된 언어문자가 有用함은 말할 나위 없다.

우리말의 고급의미를 가진 어휘는 거의가 한자어이다. 말(語)은 사람과 사람 사이에 서로 통하면서 생기는 것이다. 그러므로 만약 한 사람만 격리되어 산다면 말이란 것은 필요 없는 것이고, 또한 같이 모여 사는 사람이 많을 수록 그 어휘와 표현은 풍부할 수밖에 없다. 그리고 언어의 사용 인구가 많으면 그 만큼 그 중에서 고급의 논리적, 추상적, 철학적 의미를 나타내는 표현이 서로 통하는 계층도 두터워지므로 역시 그러한 낱말의 수도 늘어나는 것이다.

우리는 일상어에서는 오랜 역사 동안 독립을 지켜 왔지만 많은 인구에 의한 뒷받침이 필요한 학문, 예술 등에서는 같은 동양권에서 이웃과 서로 교류해 왔고 그 매개수단은 漢字가 되어 왔다. 꼭 배타적 (exclusive)으로 소유한 것만이 우리의 것이 아니다. 어떠한 학문이라 하더라도 결국 우주 만물에 함유된 숱한 의미의 調合임에는 다름이 없다. 엄연한 우리말이면서 풍부하고 섬세한 의미의 표현이 가능한 漢字語에 의해서는 어떤 서양 학문이라 할지라도 그 나타내고자 하는 의미를 충분히 나타낼 수 있다.

이와 같은 취지에서 우리말 학술서적의 가능성을 보여주는 한 작은 시도가 될 수 있을 것 같아 부족하나마 본 책을 내놓게 되었다.

요즈음의 출판관행에 비추어보면 조금 생소한 용어의 사용이 느껴질지는 모르나 일반 日刊紙를 막힘 없이 읽을 수 있는 사람이면 읽기에 어려움이 없는 정도가 되도록 노력했다. 또한 學問을 하려는 사람으로서, 두뇌부담을 덜면서 速讀에 유리한 책을 원한다면 넌센스일 것이다. 저자로서는 못내 두려운 것일 수도 있으나 본문의 한 字 한 字의 뜻을 음미하면서 精讀을 하는 자세로 본 책을 읽어주기를 바라고 미흡하거나 부적절한 것에 대한 아낌없는 지적이 뒤따르기를 바라마지 않는다.

2001년 4월 21일

著者 朴京範

이 책의 독자에게 필요한 기초지식

1. 수학에 대한 기초

음성분석과 합성에 쓰이는 많은 數式들을 理解하려면 數列과 行列에 대한 올바른 이해가 있어야 할 것이다. 예측오차의 최소화에 관한 단원에서는 偏微分 방정식에 대한 이해가 필요할 것이고 線形 모델에 대한 이해를 가지고 있다면 더욱 용이하게 개념을 받아들일 수 있을 것이다. 스펙트럼 분석에 쓰이는 푸례변환의 과정을 이해하려면 이에 대한 기본지식이 있어야 할 것이다.

전반적으로 이공계 대학 학부과정의 수학(應用解析學)을 이수한 정도면 충분하다. 그러나 逆濾過追跡法에서의 표본신호 여과 過程은 대학 학부의 수준을 넘는다고 볼 수 있다. 많은 독자는 '信號濾過器(filter)란 이러한 작용을 하는 것을 말한다' 라고 그 역할만을 이해하면 충분할 것이다.

2. 개발용 電算言語에 대한 이해

예시된 電算文을 쉽게 이해하려면 사용된 전산언어(C language)에 대한 이해가 따라야 할것이다. 개발자로서 이 책을 보는 사람은 각 함수들의 입력변수와 출력변수가 무엇인지를 알아보고 각 함수들에 쓰인 수식이 무엇인지를 알아보면 대강의 이해를 얻는데 도움이 될 것이다. 그러나 여기에 예시된 전산문은 수식처리에 관한 중요 부분만을 선정했고 언어 자체의 특성은 거의 나타나지 않으므로 전산언어의 숙달 정도에 크게 구애될 필요는 없다. 독자는 이 책에서 제시된 數式에 따라 해당되는 기능을 현실여건에서 활용가능한 他 전산언어로도 쉽게 구현할 수 있도록 되어야 할 것이다. 그러므로 중요한 것은 특정 전산언어에 대한 熟達度가 아니라 본 책에 서술된 기초이론에 對한 實際 適用力이라 하겠다. 실제로의 적용이 없는 기술이론은 아무런 의미가 없기 때문이다.

3. 사운드블라스터 음성입출력 방식에 대한 이해

여기서의 음성입출력 정보는 모두 윈도 표준 입출력 파일형식(.wav 화일)으로 처리하도록 하였다. 따라서 윈도 표준 음성 입출력 파일형식을 아는 것이 전산문을 이해하기에 도움된다. 여기의 적용대상 화일형식은 8빝 데이타로서 가장 기본적인 형식만을 취급하였다. 標本化率(Sampling Frequency)은 어떠한 수를 지정해도 음성의 압축자료에 그 정보를 포함시켜 재생시에 그대로 합성하여 출력할 수 있으나, 여기서는 주로 사람의 음성을 다루는 것이므로 8000Hz 내지는 11000Hz 정도가 적당하다.

4. 국어에 대한 올바른 이해

전산용어순화의 추세에 따라 거의 모든 용어를 우리말로 하였으며 선형예측분석법의 설명에 필요되는 이론적 용어도 우리말로 하도록 하였다. 個中에는 우선 접하기에 오히려 어색하고 作爲的으로 보이는 용어도 있을 것이나 이것은 우리의 언어생활의 습관에서 오는 것일 뿐 사실 우리가 무심코 많이 쓰고있는 영문용어도 본래의 뜻이 나타내고자 하는 뜻과 꼭 자연스럽게 일치하는 것은 아니고 그들이 그렇게 약속하여 사용하였을 뿐인 것이다. 우리도 말의 뜻을 생각할 때 무조건 그 **實體**만을 **聯想**하는 버릇을 버리고 **本質的 概念**을 중요시 여기는 습관을 가진다면 우리말로도 얼마든지 전문 기술용어를 만들고 사용할 수 있을 것이다.

 이상과 같이 이 책을 읽기 위해 필요한 기본적 지식을 열거했으나 사실 독자들 모두가 위의 네 가지 조건을 충족시키길 바리는 것은 무리라고 할 수 있다. 그러나 독자들은 이 책에 첨부된 프로그램을 분석하고 실행을 해 봄으로써 컴퓨터의 음성정보 입출력을 구현해 볼 수 있으며 이를 토대로 여러가지 재미있는 사용자 프로그램을 제작할 수 있는 것이다. **本** 책에 있는 프로그램의 변형 개발과 그 실행을 통해 음성정보의 성질과 친숙해진 다음 점차적으로 이 책에 수록된 내용을 이해하여도 좋을 것이다.

第1章. 音聲의 分析과 合成

1. 媒體란 무엇인가

　현대인은 **媒體**, 즉 미디어의 홍수 시대에 살고 있다. 그렇다면 매체란 무엇일까.
　우리는 수학에서 모든 **定理**의 기초는 **定義**로부터 시작한다고 배워 왔다. 이 책에서 다루려 하는 음성신호처리에 대한 연구도 수학을 기초로 하는 자연과학의 방법론에 그 기초를 두고 있는 것인 만큼, 우리는 당연히 이 방식을 따른 이론의 전개를 해야 할 것이다. 그러므로 우리는 일반적인 음성신호처리에 대해서 논하기에 앞서, 의미의 전달수단인 **音聲**에 대해 포괄성을 지닌 상위개념인, 매체 즉 미디어의 본뜻에 대해서 우선 알아볼 필요가 있다.
　우선 보다 많이 쓰이는 말인 '미디어'에 대해서 알아보자. 'media'는 'medium'의 복수형이다. 'medium'은 가운데라는 뜻의 명사로서 '가운데의 성격을 갖는'의 뜻인 'middle'이라는 형용사와는 달리, 주로 '가운데에 있는 것'이란 의미로 사용된다. 그러므로 '미디어'란 '가운데에 있는 것들'이 된다. 가운데에 있으니 양 끝에 있는 것을 서로 이어주는 전달자의 역할을 한다는 것이다.
　그러나 가운데에 있다고 해서 양끝의 것을 무조건 원활하게 전달한다고는 볼 수 없을 것이다. 어떤 때에는 가운데에 있는 것이 양 끝에 있는 것들을 서로 통하지 않게 차단할 수도 있을 것이다. 그러나 어쨌든 '가운데에 있는 것'은 양끝을 서로 이어주는 것이라고 약속하고 그렇게 쓰기로 했다. 조금은 견강부회(**牽强附會**)적인 낱말 사용이다. 그러나 우리 한국사람들은 그것을 모른다. 그저 '가운데 것들'

이라고 하면 좀 우스우니까 얼핏 그럴듯해 보이는 말인 '미디어'를 무슨 심오한 철학적 의미가 깃든 말처럼 여기고 자주 쓰는 것이다. 사실 오늘날 영어문화권 아니 전 세계의 학술어를 비롯한 고급사고적 언어의 중추를 이루고 있는 라틴어에는 본래 단순 감각적 의미의 낱말을 인간사고의 발달에 따른 고급 의미 표현의 필요에 따라 복합, 理性的인 고급낱말로서 '格上'시켜 사용하게 된 경우가 많다.

'媒體'란 그럼 무슨 뜻일까. 나무(木)위의 단(甘) 果實이나 女子나, 모두 주위의 것들을 유인할 수 있는 것이 되니, '媒'를 중심으로 주변의 다른 것들은 서로 모여 通할 수 있을 것이다. 바로 이러한 성격을 가진 것(體)을 매체라 할 수 있을 것이다.

'미디어'이든 '매체'이든, 아직 정보통신은 커녕 電氣도 있지 않았던 시절부터 있었던 낱말을 사용하여, 오늘날에 이르러서야 널리 쓰이는 이 추상적인 개념을 그대로 정확히 나타낼 수는 없을 것이다. 그렇지만 이 '매체'라는 말은 '미디어'란 말 보다는 조금 無理가 덜 한 것 같다.

한 인간과 주변의 他人이나 事物의 사이에서, 한 쪽의 어떤 움직임 혹은 상태변화가 다른 한 쪽의 움직임 혹은 상태변화에 영향을 주게 되는 경우, 이 둘 사이에는 그들을 서로 이어주는 매체가 있다고 봐야 할 것이다.

인간과 인간 혹은 인간과 다른 주변물의 사이를 이어주는 매체의 존재양식은 그 감각기관 혹은 입력장치가 정보를 받아들이는 방식에 따라 결정되어진다. 인간은 감각기관을 통해서 외부로부터의 모든 정보를 받아들이며 자기로부터의 온갖 意思의 표출도 상대방의 감각기관이 받아들일 수 있는 형태로서 나타낸다. 그러므로 인간노동력에 의한 모든 媒體形 産出物은 상대방 인간이 수용가능한 양식으로 이루어져야 한다.

그러나 똑같이 定形化된 매체도 發信者와 受信者의 그것에 대한 해석의 차이에 따라 뜻하지 않은 혼란이 생길 수가 있다. 우리는 일상 생활에서 스스로는 다른 뜻을 전달할 목적으로 한 말이 상대방에 의해 잘못 받아들여져 오해를 낳는 경우를 종종 겪는다. 이러한 오해를 막기 위해서 매체는 최대한 객관화된 型을 가져야 할 것이다. 이에 대해서 다음 장에서 論하기로 한다.

2. 媒體의 定量化

1) 音聲의 含有情報

우리가 가진 감각은 視覺, 聽覺, 嗅覺, 味覺, 觸覺 등의 五感이 있다. 이들 외에 소위 第六感이라는 것이 있다고는 하지만, 이것은 우리가 익숙하게 배운 자연과학적 理論으로는 표현이 불가능한 것이고, 이 책의 내용의 전개 또한 물리학적 방법론에 의한 것이므로 論議의 대상에서 제외하는 것이 타당하다. 이 중에 시각과 청각의 두 가지의 매체 형태는, 그 정보의 본질이 가진 물리적인 단순성 때문에, 일찍부터 보편적인 정보전달의 매체로서 그 효과적인 저장과 전송의 방법을 연구하는 대상이 되어왔다. 앞으로도 이들 시각과 청각은 정보화사회에서의 정보전달 매체로서의 절대적인 비중을 차지하게 될 것이다. 이들 매체는 예전부터 定量化된 物理量으로 표현이 가능하여 그 저장과 전송의 방법이 계속해서 발전되어 왔다. 나머지 후각, 미각, 촉각 등에 대해서는 비록 저장과 전송의 방법이 있다 하더라도 그다지 일반에게 큰 필요성을 인정받지는 못한다.

그러므로 멀티미디어 즉 多媒體의 시대란 다름아닌 시각과 청각매체의 정보화와 저장, 전송이 활성화 되는 시대이다. 이것은 오늘날에야 부각되는 개념도 아니다. 일찍이 60년대의 한 소설가[1]는 60년대를 가리켜 視聽覺時代라고 지칭했었다. 그 당시가 일반적 의미의 시청각시대라 한다면 지금의 시대는 곧 컴퓨터에 의한 정보처리의 시청각시대를 뜻하는 것이다.

빛과 소리, 이들 전달매체의 본질을 波動이라 說定한다. 빛에 관해서는 다른 해석도 가능하지만 편의상 소리와 마찬가지로 파동이라고 간주해 본다. 그렇다면 빛이 超高周波의 파동이라면 소리는 그 진동수가 빛에 비해 현저히 적은 파동이라고 볼 수 있다. 빛이 빨강, 파랑, 주황, 노랑, 초록, 파랑, 남색, 보라의 일곱가지 서로 다른 진동수를 가진 色들이 제각기의 비율로 배합되어 나름대로의 色으로서 우리에게 보여지는 것이라고 한다면 소리 또한 20Hz에서 20000kHz의 진동수를 가진 서로 다른 파동들이 각각 어느 정도씩의 비율로 배합되어서 우리에게 들려지는 것이다. 빨강보다 파장이 긴 (진동수가 적은) 빛이나, 보라보다 파장이 짧은 (진동수가 많은) 빛은 우리 눈에 보이지 않는다. 이와 마찬가지로 20Hz보다 적은 진동수 혹은 20000kHz보다 많은 진동수의 소리는 우리의 귀에 들리지 않는다.

매체의 정량화는 곧 收集된 매체정보를 우리에게 편리한 樣式으로 임의 변형이 가능하게 하기 위한 것이 그 목적이다.

여기서, 數値 계산에 의해 자유로이 변형할 수 있도록 정량화된 신호를 計數(digital)신호라고 한다.2) 앞으로 計數化된 音聲情報가 어떻게 다루어지고 응용되어서, 소리 매체로서의 意思 전달 방법인 音聲의 저장과 전송을 위해 쓰이는가를 보이려 한다.

거듭 말하지만 音聲은 通信을 위해 존재한다. 통신의 본 뜻이라면 마주앉아 있는 두 사람끼리의 의사소통과 마찬가지로 자신의 깨달아 믿는(信) 바의 교류이다. 그러나 흔히 쓰이는 통신기술의 의미는 보

---

1) 金承鈺, <六十年代式>
2) 최근에 발표된 전산용어 국어화 安에서는 디지탈 신호를 '수치신호(數値信號)'로 쓰기로 했는데 이는 단지 '숫자로된 신호'의 뜻으로서 그 함유하고 있는 의미가 計數信號의 의미보다 훨씬 적다. 計數信號란, 숫자에 의해 定量的으로 측정되고 헤아려진(計) 신호라는 뜻이다.

통 상태에서의 '通信'이 아니라, 서로의 의사 소통에 대한 물적 장애를 극복하고 전달하는 것을 말한다. 두 사람 사이의 물적장애의 양태는 전달자와 수신자간의 공간의 차가 있을 수가 있고 또한 시간의 차가 있을 수가 있지만 일반적으로 공간의 차를 지칭하고 있다.[3)]

音聲은 필요한 전달물을 함유하여 보내지는 수단이라고 할 수도 있고 혹은 그 자체가 정보로서 나타내질 수 있다. 즉 어떠한 내용을 담은 문장정보를 함유하는 상태일 수도 있고, 혹은 음색까지 포함한 그 자체가 바로 정보가 될 수도 있다. 이러한 音聲의 고유 특성은 전달용 정보를 실은 신호 즉 음향파형에 의해서 定해진다.

음성통신의 과정은 우선 話者의 腦 속에서 어떤 추상적인 형태로서의 意味가 생겨나는 것부터 시작된다. 생겨난 추상적 정보는 먼저, 혀와 입술 그리고 목청을 제어하여 個別音을 내게하는 신경신호로 바뀌어진다. 이들 기관들은 신경신호에 따라 연속으로 동작하여, 腦로부터 생긴 정보에 해당되는 音響波를 내게 된다.

音聲을 통해 받아들여지는 정보는 본질적으로 離散形을 가진다. 즉 정보는 사람의 認識을 통해 그 의미가 나타나는 것인데 사람의 인식의 변별력은 有限한 것이기 때문이다. 그 때문에 본래 無限했던 자연의 정보의 變異性은 사람의 인식의 범위 내에서는 有限한 것이다.

물질의 기본단위를 元素라 하듯이 음성을 이루는 기본단위를 音素라고 한다. 모든 음성은 음성정보의 형태로서 더 나눌 수 없는 기본단위인 음소로 분리될 수 있다. 모든 언어는 대체로 각기 고유의 특색을 가지고 있는 30내지는 50개 정도의 音素群이 있다.

정보의 운용의 효율성의 추구가 그 목적인 정보이론의 주된 관심사 중의 하나가 정보의 운송 속도이다. 음성을 매개체로 했을 때 정

---

3) 音盤은 공간과 시간의 장애를 극복한 一方 통신의 방법이라고 할 수 있다.

보의 전달속도를 알아보면 사람의 발성기관은 그 동작하는 능력에 물리적인 한계가 있을 수밖에 없으므로 秒當 10음소 정도까지 발성이 가능하다.

사람이 내는 음소는 약 60가지가 있다. 6자리의 二進數로는 64까지의 수를 표현할 수 있으므로 6개의 빝으로는 거의 모든 음소를 표현하고 남는다. 사람이 소리를 낼 때 初當 10음소가 나온다고 가정하고 音素間의 발성 간격을 무시한다면 초당60빝의 음성 情報率이 나온다. 즉 기록된 음성은 일반적으로 초당 60빝의 정보량을 가진다는 말이다.

물론 '진정한' 음성정보의 표현을 위한 정보량의 최저한은 이보다 현저히 높다. 이 측정 방법에서는 話者의 개성과, 정서상태에 따른 발성속도, 발성크기 등과 같은 요소가 제외된 것이다. 따라서 이것은 글, 즉 字母音의 표시로 언어의 정보를 나타내는 경우와 같은 것으로서, 음성이 단지 의미함유의 '수단'으로만 이용되고 그 자체의 고유한 의미표현력은 배제한 상태를 말하는 것이다.

여기서 우리는 자모음 문자표시만으로 우리의 모든 口語를 표현하는 것은 말씨, 억양 등 많은 부가요소들이 사라져서 결국은 본래 음성보다 그 정보의 변별력이 현저히 떨어질 것임을 알 수 있다. 즉 언어를 자모글자만으로 소리나는 대로 표기하는 것은 본디 口語보다 더 깊고 진지한 의미를 다루어야 할 文語가 더 강한 언어정보 표현력을 갖지 못하고 오히려 구어의 부분집합으로 그쳐버리는 결과가 되는 것이다. 비교적 충분한 시간의 여유를 가지고 몇 번이고 필요에 따라 다시 習得할 수 있는 文語는, 본질적으로 시간상의 제약을 받고 일회성으로 넘어가는 성격을 가지는 (현대에는 물론 녹음의 방법으로 어느 정도 극복된다 하더라도) 口語의 자모음표현 이외에 추가의 정보 변별 기능이 있어야 하는 것이 옳다. 같은 발음을 다르게 쓰는 우리 한글의 맞춤법 규칙이나 영어의 同音語들의 相異한 철자법

그리고 漢字에 의한 표현 들이 모두 이러한 문자표현에서의 情報 辨別을 위해 필요한 것임을 우리는 알아야 하겠다.

말하자면 音聲이 전달물의 함유 수단이 될 수도 있고 혹은 그 자체가 정보로서 나타내질 수도 있는데 前者의 경우는 언어 정보만을 싣는 것을 말하고 後者의 경우는 음색과 억양이 그대로 그 음성의 정보가치가 되는 경우를 말하는 것이다.

음성정보처리를 위한 音聲의 특성은 計數化된 음향파형의 형태로서 限定지어진다. 이와 함께 음성의 특성을 나타내는 또다른 방법으로서 發生因子에 의한 방법이 있다. 이것은 음성파형을 있는 그대로 부호화(waveform coding)하지 않고 그 파형을 발생시키는 源泉 즉 因子를 부호화(source coding)하여 나타내는 방법이다.

본래의 음성신호에서 음성의 位相 값은 연속으로 변화한다. 그러나 우리에게는 감각에 의해서의 인식이 가능한 만큼 以上은 위상값의 정밀한 측정이 필요하지가 않다. 따라서 음성신호의 위상값을 數値로 기록하려 할 때에는 어느 일정 단위 만큼 씩의 간격을 두어 측정하여, 측정 단위의 正數倍에 해당하는 각 위치에서, 그 곳에 근접한 모든 위상값을 해당된 측정 단위의 正數倍 값으로 간주한다. 이것을 離散信號(discrete signal)라고 한다.

數値計算을 통한 처리가 가능하려면 음성신호의 순간위상을 나타내는 값도 有限해야 한다. 이에따라 음성의 진행에 따른 시간축을 일정 간격으로 나눈다. 즉 일정 단위시간의 정수배가 되는 시간마다 그 순간 음성신호의 위상값을 추출하여 표본화한다. 이 표본들의 집합이 곧 음성신호를 나타내며 이렇게 위상과 시간의 측정값이 모두 단위값의 정수배로 나타내진 신호를 計數信號 즉 디지탈 신호라고 하는 것이다.

그러니까 우리가 흔히 얘기하는 디지탈 신호란 결국 무한개념의 자연상태의 신호정보를 수식처리가 가능하게끔 유한개념의 신호정보로 바꾸어 놓은 것이다.

　디지탈 신호에서 位相軸과 時間軸의 측정 단위값이 작을수록 신호의 표현은 세밀해진다. 음성파형의 진동 位相의 상한을 1, 하한을 -1이라고 가정하자 그러면 상하 2만큼의 위상폭을 얼마나 잘게 나누느냐에 따라 위상표현의 精確度가 定해진다.

　단위 위상의 나눔의 精度는 각각의 二進數로 표현한다. 가령 1에서 -1사이의 모든 음성의 위상값을 2^8 즉 256가지의 수치로 표현한다면 이 계수신호의 위상 정밀도는 8빝라고 말한다.

　위상과 더불어 시간축에서의 음성표본 추출의 빈도는 디지탈 신호의 정밀도를 나타내는 또다른 중요한 기준이 된다. 1초에 8000개의 표본값을 가지고 1초 동안의 음성신호의 위상변화를 나타낸다면 이 디지탈신호는 8000Hz 혹은 8kHz의 표본화율을 가진 신호라고 한다.

　인간으로서의 發聲者가 情報源인 음성신호는 그 함유정보를 受信處인 사람이나 기계가 쉽게 알아차릴 수 있도록 되어 있어야 한다. 디지탈 음성신호처리는 주어진 입력 신호를 얻은 뒤 이것을 보다 편의성있는 형태로 만들기 위한 변형작업이다. 이 처리 過程의 목적은 음성이 포함하고 있는 전달정보의 추출과 활용이다. 이 과정은 사람 혹은 사람의 역할을 본따 만들어진 자동기계에 의해 수행된다.

　예를 들어, 주어진 話者群에서 特定人을 자동구분 하는 장치를 생각해보자. 이것은 音聲신호의 實시간 주파수분석의 방법을 이용할 수 있다. 우선 여러 話者로부터 얻어진 음성표본을 그 특성을 찾아내어 구분하기 위하여 전체문장에 대한 평균 주파수분포를 구한다. 그리고 각각의 후보 화자의 것과 이미 設定된 기준을 하나하나 비교한다. 그리하여 가장 가까운 것을 골라냄으로써 話者의 확인을 한다. 이 경우 음성의 情報란 바로 話者의 신분인 것이다.

(2) 源泉符號化의 방법

　計數 符號化된 음성정보의 저장 혹은 전송을 실현하기 위해서는 두 가지의 상호배치되는 바램을 염두에 둘 필요가 있다. 그것은 정보 저장 혹은 전송에서의 데이타량의 압축과, 이미 함유하고 있는 정보의 손실 방지이다. 곧 限定된 설비를 이용하여 되도록 많은 정보를 전달하기 위해서는 필요한 정보의 손실을 막는 限度 內에서 전달에 쓰이는 정보 표본의 수를 최소화할 필요가 있다.

　저장된 음성의 데이타량의 縮約을 위해서는 適應差二進數化法 (ADPCM)과 같이 算術的 방법을 이용하여 낱낱의 음성정보의 표본을 본래의 값과 대응하는 작은 수로 대신 나타내어, 저장에 요구되는 빝수를 감소시키는 방법이 있다. 즉 각각의 음성정보 표본의 數値를 그대로 나타내지 않고 앞의 것과의 差로써 대신 나타내게 하는 것이다. 이와 같이 음성신호의 본래 파형으로부터, 산술적 방법에 의한 加工을 하는 한도 내에서 음성정보를 저장 혹은 전송하는 방식을 波形符號化(waveform coding) 방식이라고 한다.

　그러나 이 방식은 그 形態素的 特性上, 情報의 縮約力에 限界가 있게 마련이다. 이에따라, 반복되는 음성파형을 그대로 收集하지 않고 반복파형을 발생시키는 源泉을 찾아내 기록한다면 그 정보저장량의 비약적인 축약을 가져올 수 있는 것은 아닐까 생각할 수가 있다. 音聲은 一定 區間 內에서는 類似한 波形이 어느 만큼의 시간 간격을 두고 反復되는 形態를 지니고 있다. 그러므로 이들 反復性 신호들은 어떤 共通된 因子에 의해 거듭해서 생겨나는 것이라고 할 수 있다. 그러므로 音聲 그 自體를 이루는 反復情報 대신에 그 發生因子를 추출하여 전송 혹은 저장하고 다시 그에 의해서 본래의 音聲을 再生시키는 방법을 쓰면 훨씬 많은 전송 매체량의 절감을 가져올 수 있을 것이다.

데이타량의 축약은 如何의 경우라 할지라도 곧 함유하고 있는 정보의 감소를 의미한다. 그러나 진정한 意味에서의 정보란, 수신자측에서 '意味'로서 받아들여질 성질의 것만을 의미한다. 모든 정보전달 매체에는 전달하고자 하는 정보의 성분과 그 이외의 성분이 포함되게 마련이다. 음성정보를 이루는 각 성분중에서 그것이 포함하고 있는 의미의 인식에 영향을 주는 정보성분 以外의 성분을 제거한다면 상당한 데이타량의 압축효과를 얻을 수 있을 것이다.

예를 들어 음성이 가진 언어적 의미만이 그 전달하고자 하는 정보일 경우에는 聲量과 높낮이, 그리고 音色 等에 관한 정보는 되도록 생략되어져야 할 것이다. 이와 같이 음성을 이루는 여러 가지 성분을 나누어 취급하려는 것이 바로 波形符號化에 대조되는 源泉符號化의 특징이다.

음성압축 등의 목적을 위해서 음성의 발생인자를 추출해내는 過程을 음성의 分析이라 하고 다시 이로부터 본래의 음성을 재생하는 과정을 음성의 合成이라고 한다.

음성(speech)이라 하면 소리중에 正常的인 상태에서 사람이 내는 소리라고 할 수 있다. 사람의 소리는 당연히 소리 정보중 가장 많이 정보처리의 대상이 되는 것이기 때문에 음성의 형태를 대상으로 한 소리 정보의 연구는 가장 우선적으로 필요한 것이다. 목소리(voice)는 특별한 의미를 가지지 않은 감탄사, 高喊까지도 포함된 모든 사람이 내는 소리를 말하는 것으로서 본 책이 취급하는 對象이라고는 할 수 없다.

또한 본 책에서의 음성은 한사람이 내는 단독음만을 의미한다. 왜냐하면 규칙성을 가진 단독음이라야 효과적인 수식처리가 가능하며 여러 사람의 중복음은 어떤 정형화된 일차원의 규칙성을 추출해 낼 수가 없기 때문이다.

이와 같이 파형부호화 방식과는 신호기록의 방식을 근본적으로 달리하는 부호화의 방식으로서, 음성신호를 발생시키는 원천인 발생인자를 추출하여 기록하는 것을 원천부호화(source coding)라 한다. 본 책에서 다루어질 내용은 바로 이 방식에 관한 것이다. 파형부호화와 원천부호화의 차이는, 나타나 보이는 실체(實體)와 사물을 이루는 근본 성질 그 자체 즉 본질 중에 어느 것을 求道의 對象으로 하는가 느냐의 차이라고 할 수 있다.

3. 음성의 발생형태

음성의 발생형태에 대해 논하기 전에 먼저 우리가 흔히 쓰는 말인 시스템의 의미에 대해서 알아보자.

시스템은 우리말로는 構造體라고 할 수 있지만 아직은 이 말로서는 받아들이는 의미가 조금 狹小할 것 같아 그냥 시스템이라고 하기로 한다.

시스템은 입력 x가 정해졌을 때 그에 從屬되는 출력 y를 내보내는 입출력 기능을 가진 것을 말한다. 다시 말하자면 우리가 수학에서 배운 함수의 定義와도 비슷한데 반드시 출력이 단일한 형태가 아니며 또한 그 취급대상이 數量에만 한정되지 않는다.

이 중에서 $|x|<C$ 일 때 즉 입력이 어느 일정한 한도 내에 있으면 역시 $|y|<D$ 즉 출력도 어느 일정한 한도 내에 있는 것을 안정시스템이라 한다. 反面에 입력이 안정할 경우에도 출력의 안정성이 보장되지 않는 경우를 불안정시스템이라고 한다.

우리 개개인의 사람도 시스템의 定義에 合致된다. 사람이 가지는 入出力의 기능은 여러 가지를 들 수가 있다. 生理的인 것은 물론이고, 대화할 때 어느 누구에게 한 말이 그사람에 대한 입력이라면 그 사람으로부터 나오는 말은 그 사람이란 시스템으로부터 나오는 출력이라 할 수가 있다. 그리고 어느 사람에게의 投資와 그로 인해서 얻올 수 있는 **成果**도 **各各**이 시스템의 입출력과 같은 관계라고 할 수 있다. 여러분의 친구 누구에게 상식에 맞는 이야기를 하고 도리를 지켜 대하면 그 친구로부터도 역시 상식에 맞고 도리에 어긋나지 않는 **言行**만이 나온다면 그 친구는 안정시스템이다. 그러나 **何等**의 **正道**에 어긋나는 언행을 베풀지 않았음에도 불구하고 그 친구가 까닭없이 화를 내거나 도리에 어긋나는 행위를 당신에게 **加**한다면 그 친구는 **不安定**시스템이다.

하지만 불안정시스템이라고 모두 나쁜 것은 아니다. 단지 예측을 불허한다는 것 뿐이다. 어느 사람이나 법인에게 일정액을 투자하여 기대하는 만큼의 이익을 얻었다면 그 사람이나 법인은 안정시스템이다. 그런데 돌아온 것이 큰 손해 였거나 혹은 예상밖의 큰 이익이라 할때 모두 불안정 시스템에 해당되는 것이다.

사람의 **聲帶**도 몸속의 에너지와 대뇌의 제어에 의해서 일정한 음성발생 법칙에 따라 음성을 출력하는 시스템이다. 이 성대의 음성발생 법칙의 대강을 컴퓨터에 의한 수식연산에 의해서 구현하고자 하는 것이 음성의 합성 시스템이다. 이러한 음성의 합성 역시 안정시스템 이어야 한다. 불안정 시스템이 될 경우 시스템으로부터의 예상외의 수치값을 **定量化**된 **物理量**으로 나타낼 방법이 없기 때문이다.

4. 음성의 분석과 합성의 원리

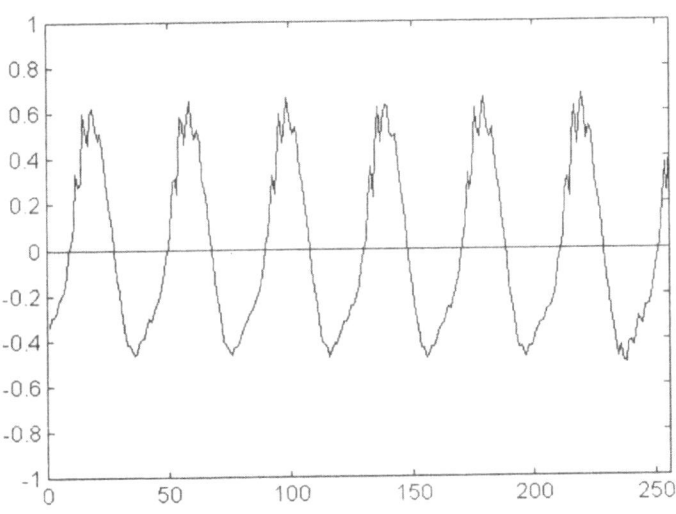

그림 1.1 음성파형의 예

그림 1.1은 20대 여성이 평상시의 목소리 그대로를 收集한 음성파형의 한 예이다. 여기서 거의 같은 모양의 파형이 약 여섯 번 정도 반복되고 있음을 볼 수 있다. 같은 모양이 반복된다는 것 자체가 음성을 이루는 기본 요건이다. 반복을 통하여 그 떨림의 규칙성이 우리에게 감지되어 우리는 진행되고 있는 음성신호가 무슨 의미를 가지는가를 깨닫는 것이다. 반복되는 규칙성이 없는 신호에 의해서는 우리 귀에 혼란스러운 잡음만이 들릴 뿐이고 그에따라 어떤 지속적인 정보를 가질 수도 없으므로 아무 의미를 가지지 못하는 것이다. 물론

사람의 음성 중에서도 시끄런음에 해당하는 소리(무성음)가 있다. 그러나 그것은 발성의 군데 군데 나타날 뿐으로서, 어디까지나 사람의 음성의 진행은 규칙성이 있는 고른음(유성음)을 주로 한다.

그림의 音聲波로부터 어떤 서술적인 정보를 구한다고 하자. 즉 그림의 음성파를 어떤 서술문으로써 대치한다고 가정하면 어느 사실을 밝혀야만 하는가를 한 번 생각해 본다. 그것은 어떠한 조건에 의해 음성파가 결정되어지느냐는 물음이다.

하나의 음성파형의 정보를 이루려면 위와 같은 일정 구간에서 유사한 모양이 총 몇번이 반복되며 또한 반복되는 것의 모양은 어떻게 생겼느냐 하는 것이 관건(關鍵)이 될 것이다.

여기서, 얼마만큼 지날 때마다 같은 신호위상이 반복되느냐를 뜻하는 성분 즉 週期 성분을 基本週期(pitch)라 하고, 그 때마다 되풀이 되는 각 反復波의 모양을 이루는 성분을 聲道濾過係數(vocal tract filter parameter) 라고 한다. 이들에 대해서는 내용의 진행해 나가면서 점차로 더 자세하고 구체적인 언급이 있을 것이니, 우선 음성의 형태는 이들 성분들에 의해서 이루어진다는 사실로부터 출발하면 된다.

그림 1.2는 음성의 반복되는 파형 대신에 그 자리에 하나의 충격파만을 보임으로써 기본주기의 성분만을 명료히 나타낸 것이다. 이것은 곧 一定한 시간 간격을 두고 생성되는 瞬間搏動의配列(ImpulseTrain)이다.

그림 1.3은 그림 1.1의 음성신호를 주파수 영역으로 변환하여 나타낸 것으로서 각 주파수帶의 절대값을 指數化크기(logscale)를 표시한 것이다. 이것을 周波數表(spectrum)라 부르기로 한다.

그림의 주파수축의 맨 오른쪽의 $\pi/2$ 표시는, 계수신호는 표본화 주파수 π의 절반의 주파수를 갖는 신호성분까지 나타낼수 있다는 의미이다. 이 책에서 예로 든 디지탈 샘플 음성은 표본화율(sampling rate)이 8KHz 혹은 11kHz이다. 그러므로 주파수표에 나타낼 수 있는 최고 주파수는 4kHz 혹은 5.5kHz가 된다.

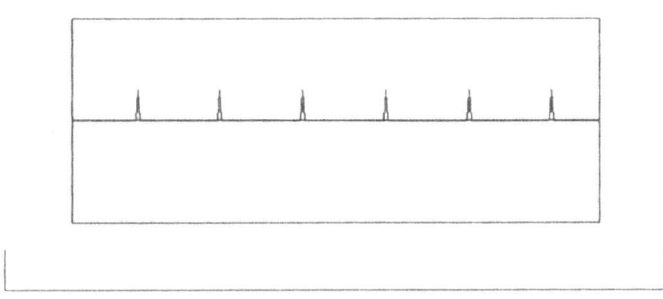

그림 1.2 순간박동배열

　　디지탈 신호처리에서 주파수표로 나타낼 수 있는 최고주파수는 그 디지탈신호의 표본화 주파수의 절반이 된다는 것은 꼭 'Nyquist Rate'라는 명칭에 의해 어렵게 암기할 필요가 있는 것이 아니다. 그것은 바로 우리의 상식적인 판단에 의해 깨달을 수가 있다.
　　본래 자연의 아날로그 즉 연속음성의, 디지탈 즉 計數 표본화는, 나중에 다시 디지탈 신호로부터 원래의 아날로그 신호를 복원할 수 있는 정도가 되어야 함을 기본조건으로 한다. 필요한 정보가 손실되는 표본화는 당연히 의미가 없다. 원래신호를 재생할 때, 유한의 신호인 디지탈 신호로써 무한의 정보인 아날로그 신호를 완전히 복원하기는 불가능하다. 그러므로 원래의 파형의 완벽한 재생은 원래의 아날로그 신호의 복원의 조건이 될 수가 없다. 다만 원래의 아날로그 신호의 反復性만은 반드시 지켜져야 할 것이다.
　　반복성을 나타내기 위한 가장 최소의 정보가 무엇일까. 그것은 단순왕복신호이다. 즉 한 주기에 두 개의 단위 디지탈 신호가 있다면 비록 그 형태는 극히 단순하지만 반복 그 자체는 완전히 표현될 수 있을 것이다. 그러므로 1초 동안에 8000개의 단위신호가 있을 때 2개의 신호씩 한 週期를 이루는 것이 最短의 週期가 될 것이다. 週期 동안의 왕복은 곧 진동을 말한다. 그러면 1초에는 총 4000개의 진동이 있게 된다. 그것은 곧 4000Hz가, 나타낼 수 있는 최고의 주파수가 되는 것을 말한다.

마찬가지로 한정된 구간에서 디지탈 신호가 나타낼 수 있는 가장 최저의 주파수는 신호분석 구간의 절반의 길이에 해당하는 주기를 가진 신호이다. 즉 8kHz의 표본화율로 얻은 신호의 성질을 분석하려고 할 때 한정없이 두루 살펴볼 수는 없는 것이다. 그러므로 그림과 같이 256개의 신호 마다 한 구간을 만들어 그 안에서 어떤 반복성을 가지고 있나 살펴보는 것이다. 반복성이란 2회 이상 유사한 상황이 되풀이되는 것을 말하므로 구간내의 최소의 반복횟수는 2이다. 그러므로 128개의 데이터를 週期로 가지는 신호가 256개의 데이터를 한 분석구간으로 삼는 디지탈 신호분석에서의 최저주파수가 되는 것이다.

이에 따라 디지탈 신호처리가 나타낼 수 있는

- 최고주파수 = 표본화율/2
- 최저주파수 = 표본화율/(분석구간길이/2)

의 정리가 성립된다.

이러한 최저주파수에서 최고주파수 사이에 걸쳐 있는 각 주파수의 성분들이 저마다 얼마 만큼씩의 영향력을 전체에 미치고 있느냐 하는 것으로 음성의 성질이 결정되어진다.

각 주파수帶의 '영향력' 즉 크기는 주파수표에 의해서 나타내어진다.

그림 1.3에서 보는 것과 같은 각 주파수성분의 다양한 조합상태가

바로 음색을 결정지어주는 것이다.

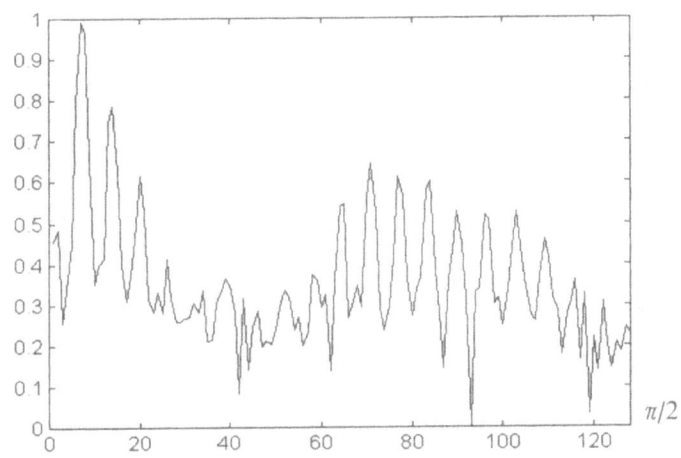

그림 1.3 음성주파수표의 예

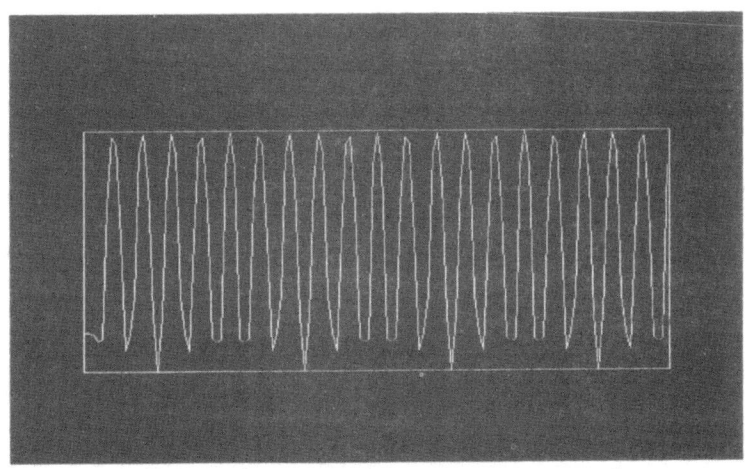

그림 1.4 순간박동배열의 주파수표

그림 1.4는 그림 1.2의 순간박동배열을 주파수표로 나타낸 것이다. 이 그림의 주파수분포를 보면 그림 1.3의 것과 봉우리의 높이만이 다를 뿐 위치와 개수에 있어서는 거의 같다는 것을 알 수가 있다.

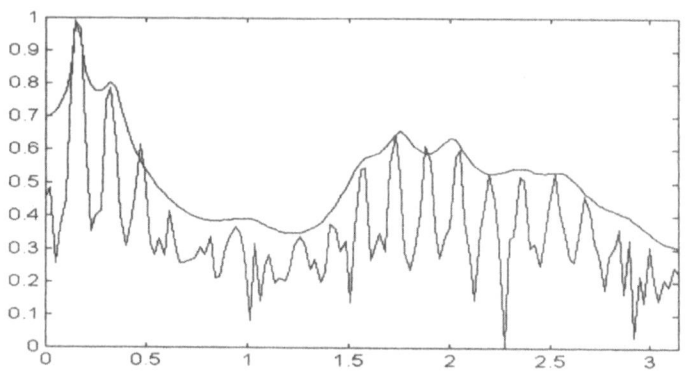

그림 1.5 주파수표의 단순화. 주파수분포표에서 두드러진 꼭지점들을 서로 보드럽게 연결하여 개략적인 주파수의 분포를 한 눈에 알 수 있 게 한다.

그림 1.5는 그림 1.3의 **周波數表**로부터 봉우리의 높이를 결정지어 주는 성분을 얻어내는 과정을 보여준다. 이 성분 만을 표시한 것이 그림 1.6으로서 이것을 **單純化周波數表**(LPC Smoothed Spectrum) 이라고 한다.

여기서 그림 1.3의 음성신호주파수표는 그림 1.4와 그림 1.6의 성분이 합쳐져서 이루어진 것임을 알 수 있다. 즉 음성신호는 주기적박동의 성분과 **波形決定成分**이 합하여 이루어진 것이다.

그림 1.2의 모양은 그 박동의 주기와 크기만을 기록하면 언제라도 필요할때 이 정보를 이용해서 다시 그대로 재생할 수 있을 것이다. 한편 여섯번 반복되는 음성파형은 모두 거의 비슷한 형태를 지니고

있으므로 이 중 대표적인 하나 혹은 전체의 평균적인 파형을 나타내는 정보만을 기록하면 될 것이다.

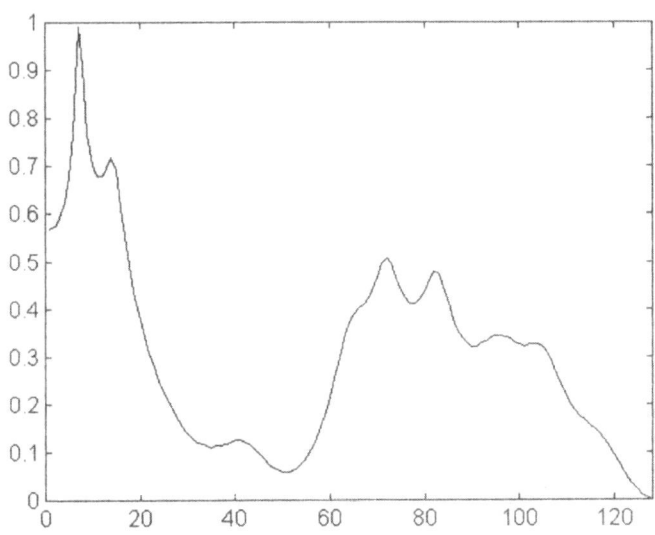

그림 1.6 단순화주파수표. 음성신호의 파형을 결정해주는 성분으로서 주기적 반복신호에 따른 주파수 봉우리들은 생겨나지 않는다.

 음성신호가 **週期**에 따라 전체적으로 반복하는 성질로부터 음성신호를 이루는 개개의 부호화정보(단위신호)들은 일정한 규칙을 따라 연속적으로 발생되는 것이라고 간주할 수가 있다. 어느 한 시점에서의 단위신호값은 그 **以前**의 얼마 만큼의 단위신호들의 상태에 따라 예측할 수가 있다. 즉 개개의 부호화정보는 이전의 여러 개의 부호화정보들에 종속되어 일정규칙에 따라 생성된다고 볼 수 있다.
 이 일정규칙을 한 구간 내에서는 동일하게 적용하여 어느 한 시점의 부호화정보와 그 이전의 것들과의 일차원, 즉 선형 관계식으로 나타내면 이 식의 **常數**는 성도여과계수가 된다.

즉 **以前**에는 그냥 단순한 펄스나 노이즈형태의 발생음에 불과했던 것이 **聲道**에 의한 선택적 여과를 거친후에 우리가 듣는 음성으로 이루어지는 것이다.

이리하여 한 구간내의 음성파형은 박동주기, 진폭, (단위신호들 상호간의) 관계식상수들의 성분으로 나타내어진다.

음성을 합성할 때에는 정해진 기본주파수 주기가 있는 유성음의 경우에는 주어진 크기의 박동을 주어진 시간 간격 즉 기본주기의 간격으로 발생시키고, 이러한 박동신호에 주어진 관계식 즉 선형예측계수를 여과기함수로서 적용시켜 본래의 정보가 복원되게 한다.

소리의 종류에 대해서 우리는 고른음과 시끄런음이 있음을 알고 있다.

前者는 일정한 진동수를 가진 것이고 **後者**는 일정한 진동수를 가지지 못한 불규칙한 진동의 소리이다. 사람의 소리에서 고른음에 해당하는 것은 유성음이고 시끄런음에 해당되는 것은 무성음이다.

무성음을 합성할 때에는 규칙적으로 발생하는 박동 대신에 난수에 의해 생성되는 잡음(noise)을 이용한다. 정해진 에너지값의 잡음신호에 역시 선형예측계수에 의한 여과작용을 하면 ㅅ,ㅊ,ㅋ,등의 무성음을 얻게 된다.

여과기라 하면 신호처리분야에서의 일반적인 의미는 여러가지 주기를 가지는 주파수성분 중 일정한도의 것만을 통과 시키거나 제거시키는 역할을 하는 것을 의미한다. 음성합성의 경우에 있어서도 그 이론적인 의미는 같으나 통과 대상 주파수가 특정 영역만을 말하는 것이 아니고 그림 1.6과 같이 음성파형을 이루는 각 주파수대 별의 차등을 둔다는 것이 다르다.

다시 음성의 분석과 합성의 과정을 정리하면 다음과 같다. **音聲**의 **分析**과 **合成**의 진행은 다음과 같다.

① 우선 音聲을 구성하는 각각의 元素 성분들을 본래의 음성정보로부터 추출하여 분리한다.
② 縮約 단순화된 각 성분의 정보. 즉 발생인자를 정보의 媒介 수단으로 하여 저장하거나 전송한다.
③ 본래의 음성정보를 필요로하는 시간 축은 장소에 다다르면 다시 이들 因子로부터 연거푸 비슷한 파형을 반복 발생하여 音聲情報를 만들어낸다.

이 과정에서 애초에 음성을 이루는 각 주파수 성분의 正弦波(sine wave)들 사이의 출발시간差 즉 位相差는 再生時에는 원래대로 복원되지 않는다. 그러나 위상차 값은 음성정보의 인식과 관계가 없기 때문에 원래의 음성정보의 의미는 그대로 유지된다.

이와같은 음성의 압축형태가 가능한 것은 인간의 감각기관에 의한 정보의 구분력은 시간의 흐름을 필요로 하는 데에 비해 純粹 論理의 界에서는 이를 필요로 하지 않는 데 따른 것이다.

여기서 음성신호의 반복되는 波形의 週期를 決定짓는 成分을 基本周波數라 하고 파형을 결정짓는 것을 聲道濾過係數라고 한다.

음성의 기본주파수 성분만을 신호로서 나타낸다면 이것은 一定한 시간 간격을 두고 생성되는 순간搏動의 配列이다.

순간박동배열을 주파수표로 나타내면 원음을 주파수표로 나타낸 것과 비교해 각 봉우리의 높이만 다를 뿐 그 위치와 갯수에 있어서는 거의 같음을 알 수 있다.

주파수표에서 봉우리의 높이를 결정지어주는 성분만을 표시한 것을 單純化周波數表라 한다. 周波數表에 나타나는 각 주파수성분의 높이의 분포는 음색을 결정지어주는 것이다. 그러므로 단순화주파수표는 음색성분에 관한 주파수표이다.

결국 음성신호주파수표는 주기적박동성분의 주파수표와 파형결정성분의 주파수표가 합쳐져서 이루어진 것임을 알 수 있다. 즉 음성신호는 주기적박동의 성분과 파형결정성분이 합하여져서 이루어진 것이다.

 이 박동의 주기와 크기만을 기록한다면 언제라도 필요할 때 이로부터 다시 원래의 것을 재생할 수 있을 것이다.

 反復되는 音聲波形은 모두 거의 비슷한 형태를 지니고 있으므로 이 중 대표적인 하나 혹은 전체의 평균적인 파형을 나타내는 것만을 기록하면 될 것이다.

 한 주기 내의 낱낱의 단위신호는 일정한 규칙에 의해 연속으로 발생되는 성격을 가진다. 즉 각각의 단위신호는 以前의 여러 개의 단위신호들에 종속되어 일정한 규칙에 따라 생성된다고 볼 수가 있다.

 이 일정규칙을 한 구간 내에서는 동일하게 적용하여 어느 한 시점의 부호화정보와 그 이전의 것들과의 일차원(線形) 관계식으로 나타내면 이 式의 常數는 聲道濾過係數가 된다.

 이렇게 한 구간내의 음성파형을 박동주기, 크기, 관계식 상수 들의 성분으로 나타낸다.

 음성을 합성할 때에는 정해진 기본주파수 주기가 있는 유성음의 경우 주어진 크기의 박동을 주어진 시간 간격 즉 피치주기의 간격으로 발생시키고 이러한 박동신호에 주어진 관계식 즉 선형예측계수를 여과기함수로서 적용시키면 본래의 정보가 복원되게 된다. 무성음의 경우는 저장된 정보와 관계없이 數理的으로 난수를 발생시켜 잡음을 만들고 여기에 역시 선형예측계수를 여과기함수로서 적용시키면 본래의 정보가 복원되게 된다.

第2章. 반복주기의 추출

앞 장에서 정의된 **計數**표본화 음성신호의 일정 구간에서, 반복되는 음성신호를 면밀히 살펴보면 어느 일정 간격을 둔 부호화신호끼리는 서로 유사한 위상값을 가진다는 것을 알 수 있다.

이 일정 간격을 계수화 표본의 갯수단위로 구하면 이것이 바로 표본의 개수로서 나타내어진 기본주기의 값으로서 음성의 높낮이를 결정하는 성분이 된다. 기본주기의 수가 작을수록 금방금방 파형의 반복이 진행되어 높은 소리이고 기본주파수의 수가 크면 일정시간내 파형의 반복횟수가 적어 낮은 소리가 된다.

앞에서 우리는 음성을 이루는 성분에는 주기적으로 생성되는 순간박동이 근간을 이룸을 알 수 있었다. 이 순간박동의 생성주기는 기본주기값에 따라 생성되는 것이다. 이제부터 원래의 음성정보에서 이 기본주기를 구하는 방법에 대해 알아본다.

1. 自己相關係數法

計數信號列에서 표본단위로 k 만큼 떨어져 있는 신호표본끼리의 **類似度**는 다음과 같이 정의된다.

$$R(k) = \sum_{n=-\infty}^{\infty} x(n)x(n+k) \qquad (2.1.1)$$

즉 유사도라는 것은 어느 한 시점 n 에서 표본 x(n)의 값과 그로부터 k 만큼 떨어져 있는 표본의 값을 서로 곱한 것을 모든 n 에 대하여 합한 것이다.

여기서 우리가 만약

$$S(k) = \sum_{n=-\infty}^{\infty} (x(n)+x(n+k)) \qquad (2.1.2)$$

$$= \sum_{n=-\infty}^{\infty} x(n) + \sum_{n=-\infty}^{\infty} x(n+k)$$

$$= 2 \sum_{n=-\infty}^{\infty} x(n)$$

라는 값을 정의한다면 모든 k에 대해서 無限한 수열에서 有限數 k는 영향력을 미치지 않으므로 S(k)는 같은 값을 가지게 될 것이다.
여기에 우리가 이미 중고교 과정에서 배운 산술평균과 기하평균의 관계를 적용해 본다.

$$\frac{A+B}{2} \geq \sqrt{AB} \text{에서} \qquad (2.1.3)$$

만약 A+B = C 라 하여 두 수의 합이 일정하다면 $\sqrt{AB}$ 는 상수 2/C 보다 작거나 같은 값만을 가지게 된다. B를 C-A로 바꾸면 $\sqrt{(C-A)A}$ 를 최대로 하는 A의 값은 C/2 가 됨을 이차함수의 성질을 통해 알 수 있다. 즉 합이 일정한 두 수는 그 두 수가 서로 같은 수에 가까워 질수록 그들의 곱이 최대에 가까와 진다.
여기서 (2.1.2)에 의해서 정의된 최대값에 (2.1.1)의 값이 가까와지려면 x(n) 과 x(n+k)가 서로 같은 값에 가까와져야 하는데 물론 k = 0이면 자기자신의 값 즉 완전히 같은 두 값에 의한 것이 되므로 당연히 R(0)는 최대의 자기상관계수값을 가지게 된다. k 가 증가함에 따라 x(n)과 x(n+k)는 서로 다른 값을 가지게 되므로 R(k)는 변화한다. 그러다 k 가 다시 기본주기값에 근접하면 x(n)과 x(n+k)의 값이 서로 가까워 진다. 이렇게 되면 비슷한 수치인 x(n) 과 x(n+k)에 관한 R(k)의 값은 다시 증가하게 된다. 그러므로 자기상관계수값 R(k)가 처음에 일단 감소하였다가 그 다음 가장 큰 극대값을 가지는 지점에서의 k가 음성신호의 기본주기가 되는 것이다.

그런데 위에서의 식은 n의 값을 무한대로 하였기 때문에 이론적으로만 설명이 될 뿐 실제적인 적용에는 활용할수 없다. 실제의 유사도 산출에 있어서는 음성분석에 적용되는 구간의 길이를 N이라 할때 다음과 같은 구간자기상관계수를 정의하여 사용한다.

$$R(k) = \sum_{n=1}^{N-k} x(n)x(n+k) \qquad (2.1.4)$$

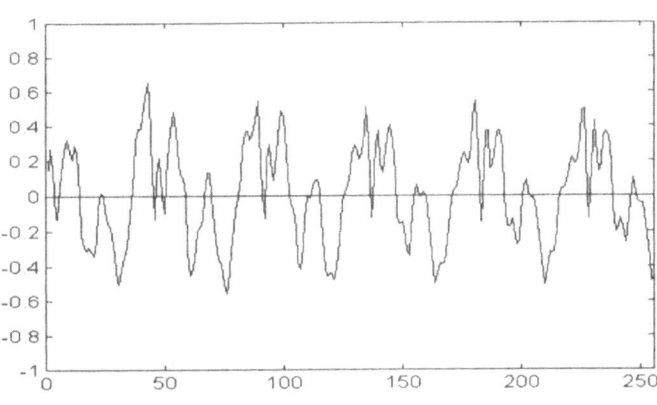

그림 2.1 음성파형의 예

그림 2.1과 2.2를 보자. 일단 k = 0 일때 특정표본의 자기자신에

대한 유사도는 절대적으로 같음을 표시하는 의미에서 가장 큰 값을 가지게 된다. 이후 k가 증가하면서 서로 떨어져있는 상이한 표본의 유사도는 줄어들수 밖에 없다. 그러나 k가 반복주기에 가까와지면 유사도는 k = 0 일때와 비슷하게 증가한다. 그리고 그림에서와 같이 유사도 R(k)가 최대의 극대값을 가지게 되는 k값이 곧 반복주기가 되는 것이다.

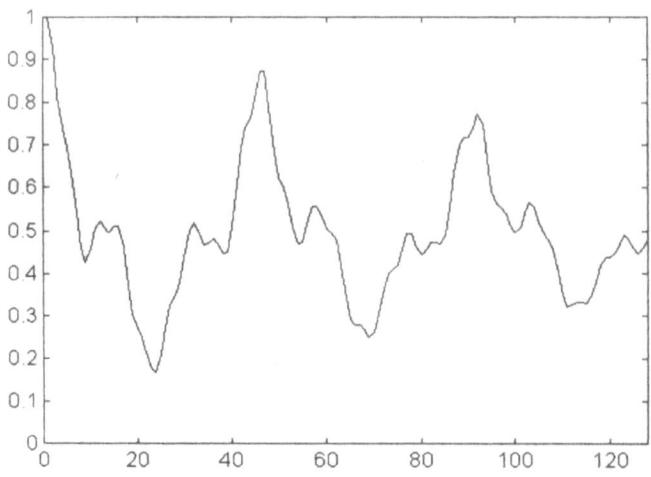

그림 2.2 자기상관계수와 반복주기. 가로축은 시간축이라고 볼 수 있으나 서로 얼마 만큼 떨어져 있는 두 신호 사이의 시간차를 나타내는 것으로서, 말하자면 앞의 파형 그림에서의 가로축이 絕對 시간축이라면 여기서의 가로축은 相對 시간축이다. 세로축은 가로축의 만큼씩 서로 떨어져 있는 두 신호의 위상값의 類似度이다.

- 電算文 -

```
float atc(unsigned char naf, unsigned char nfc, float x[], float *rc)
{
        float  r[20],s;
        float  a[20],at;
        float  alpha;
        int k,np;
        int minc,ip,mh,ib;
/*
```

$$R(k) = \sum_{n=0}^{N-k} x(n)x(n+k)$$

$$k = 1, \ldots, p$$

```
*/
        for(k=1;k <=nfc+1; k++)
                for(np= 1,r[k-1]=0; np <= naf-k+1; np++)
                        r[k-1] += x[np-1]*x[np+k-2];
    if(r[0] == 0.) {
#ifdef EXPER
                printf("Warning, r[0] is zero.\n");
#endif
                for(k= 0;k < nfc; k++)
                        rc[k]= 0;
                return(0);
        } else
                rc[0]= -r[1]/r[0];
    a[0] = 1.;
      a[1] = rc[0];
      alpha = 0;
      alpha = r[0] + r[1]*rc[0];
      for(minc=2; minc <= nfc;minc++) {
      for(ip=1,s=0; ip <= minc; ip++) {
                s += r[minc-ip+1]*a[ip-1];
      }
```

```
    if(alpha == 0.)
                    printf("Warning, alpha is zero.\n");
            else
                    rc[minc-1]= -s/alpha;

            mh = minc/2+1;

            for(ip = 2; ip <= mh; ip++) {
                    ib=minc-ip+1;
                    at=a[ip-1]+ rc[minc-1]*a[ib];
                    a[ib] += rc[minc-1]*a[ip-1];
                    a[ip-1]=at;
            }
    a[minc] = rc[minc-1];
            alpha += rc[minc-1]*s;

    if(alpha < 0.) {
#ifdef EXPER
                    printf("Warning, Singular Matrix.\n");
#endif
                    return(0);
            }
        }
    return(alpha);
}
```

2. 平均差函數法

앞에서 수많은 자료에 대한 곱셈의 연속적 반복은 그 계산량을 기하급수적으로 증가시켜서 이론의 실제적 활용에 부담을 주는 것을 알 수 있다. 전산기에서 곱셈 하나는 수많은 덧셈을 한꺼번에 하는 것과 같기 때문에 계산의 효율화를 위해서는 될 수 있는 한 최대한 곱셈을 줄이고 덧셈으로 대체하는 것이 그 효율성을 높일 수 있다.

이러한 실정에서 앞의 자기상관계수와 같은 의미를 가지면서도 많은 곱셈을 덧셈으로 대체할 수 있는 방법이 있다.

평균차함수(Average Magnitude Difference Fuction)는 다음과 같이 정의된다.

$$R(k) = \sum_{m=-\infty}^{\infty} |x(n+m) - x(n+m-k)| \qquad (2.2.1)$$

즉 계수신호표본 x(n)의 주변에서 서로 k 만큼 떨어져 있는 두 신호값의 차 들을 구하여 합한 것으로서, 이 값이 작을수록 k 만큼 떨어져 있는 두 신호는 서로 유사하다는 의미이다. 따라서 반복주기를 P라 할때 k = 0, P, 2P, 3P, ... 등의 위치에서 R(k)는 극소값을 가진다. 이것은 주기성을 나타내는데 있어 자기상관계수와 대응되나 곱셈 대신 덧셈을 이용하므로 산출이 훨씬 용이한 장점이 있다.

실제의 R(k)의 산출은 유한의 범위 내에서 해야 하므로 정해진 구간 내에서 다음과 같은 식을 사용한다.

$$R(k) = \sum_{n=1}^{m-k} |x(n) - x(n+k)| \qquad (2.2.2)$$

그림 2.3을 보면 256개의 음성신호 표본의 값이 총 79.3mm 에 걸쳐 나타나 있다. 이 그림에 나오는 파형의 반복주기를 그림에서의 실제 너비로 측정해 보면 14.0mm 이다. 이 측정값에 의하면 반복주기 내의 표본갯수 P 는

$$14.0/79.3 = P/256 \qquad (2.2.3)$$
$$P = 45.19 \qquad (2.2.4)$$

와 같이 나타난다.

계수음성신호의 반복주기값은 정수이어야 하므로 반복주기는 45 혹은 46이 된다. 즉 같은 분석구간 내에서 약 45개의 표본신호를 사이에 두고 있는 두 표본신호는 서로 유사한 값을 가지게 된다는 의미를 가진다.

그림 2.4에는 79.3mm 의 길이에 걸쳐 R(0)에서 R(128)까지의 평균차함수 값이 나타나 있다. 여기서는 처음으로부터 28.5mm의 위치에 극소점이 나타나므로

$$28.5/79.3 = P/128 \qquad (2.2.5)$$
$$P = 46.00 \qquad (2.2.6)$$

의 반복주기가 산출된다.

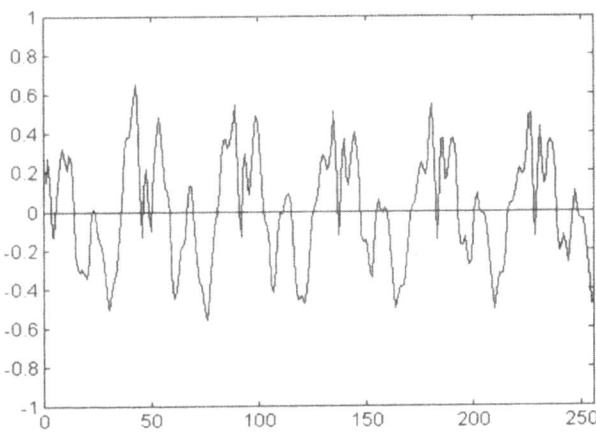

그림 2.3 음성파형의 예

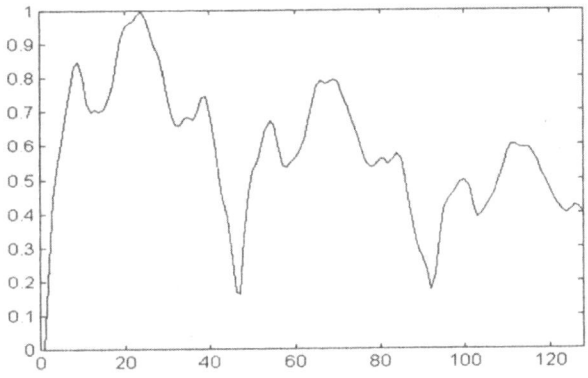

그림 2.4 평균차함수표. 여기서도 가로축은 자기상관계수표의 경우와 마찬가지로 상대시간축이다. 단 세로축은 자기상관계수가 類似度가 높을수록(최고:1) 높은 수치를 갖는 데 반하여 여기서는 일정거리만큼 떨어져있는 두 신호끼리의 위상의 차이를 말한 것이므로 類似度가 높을수록 0에 가까와진다.

이와 같은 주기검출을 그림 상에서의 거리 측정이 아닌 수식에 의한 방법으로 구하려면 다음과 같다.

그림2.5에는 R(0)으로부터 R(128)까지 표시되어 있다. 여기서 기준값 RLV를 0에서부터 점차 증가시킨다. 이것과 최초로 만나게 되는 R(k)에서의 k가 이 신호의 반복주기가 되는 것이다.

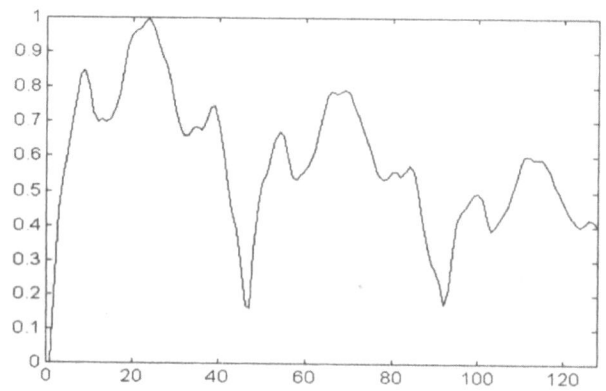

그림 2.5 평균차함수에 의한 주기검출. 기준값을 아래로부터 올려 나가다가 만나는 점의 가로좌표. 극소값을 만드는 곳의 가로좌표는 그만큼 서로 떨어져 있는 두 단위신호가 서로 매우 유사한 값을 가진다는 것을 말하므로 곧 주기값을 나타낸다.

평균차함수표에서의 가로축은 자기상관계수 함수의 경우에서와 마찬가지로, 실제에 있어서의 흘러가는 시간을 나타낸 것은 아니지만 그 성격상 시간축이라 할 수가 있다. 음성신호는 시간의 진행에 따른 주기성을 가진 것이므로 R(k)는 R(P)에서 뿐만 아니라 R(2P),R(3P)에서도 그 극소값을 가진다.

이것은 앞에서 취급한 자기상관계수에 관해서도 마찬가지이지만 자기상관계수에 의한 식에서는 R(P) 보다 R(2P) 나 R(3P) 가 더 크게 나타나는 일은 없다. 이것은 정해진 구간 내에서 P의 주기를 가진 반복파형이 가령 6번 일어난다고 할 경우에 2P의 주기를 가진 반복파형은

3번 일어난다고 할 수 있는 것이고 마찬가지로 3P의 주기를 가진 반복 파형은 2번 일어난다고 할 수 있는 데에서부터 자연스럽게 설명되어진다. 즉 정해진 구간 내에서 반복의 횟수가 많은 반복파형은 그 반복의 정도가 강하게 나타날 수 밖에 없고 마찬가지로 반복의 횟수가 적은 반복파형은 그 정도가 약하게 나타날 수 밖에 없다.

그러나 평균차함수에 의한 방법은 일단 주파수영역에로의 변환은 적은 계산량으로도 가능했지만 그 산출값이 기본주기와는 별도로 나타나는 개개의 신호의 *局地的* 위상에 민감하기 때문에 때로는 기본주기의 2배 혹은 3배의 거리에 해당하는 곳에서 오히려 극소값이 나타나는 경우가 있을 수 있다. 이것은 또한 구간 내에서 많은 회수를 반복하는 주기성분은 오히려 그 수치가 누적되어 0으로부터 멀어져 가는 것에 따르기도 한다.

그러므로 평균차함수는 데이타의 상호관계를 표시하는 성능이 자기상관계수보다 덜하다고 할 수 밖에 없다. 이 때문에 그림11과 같이 2P, 혹은 3P 등이 R(P) 보다 더 내려가서 이것을 주기로 잘못 인식할 수가 있다. 적은 노력을 들여 얻은 것은 역시 그만큼의 단점이 있는 것이다. 도시된 파형을 눈으로 보면 맨처음 골짜기의 위치인 k = 35 가 기본주기 임이 명백하다. 그런데도 컴퓨터는 세번째의 k = 106 을 기본주기로 착각하게 된다. 여기서 컴퓨터의 미련함과 융통성의 부재를 볼 수 있다. 이런 이유 때문에 인공지능의 구현이라는 것이 어려운 것이다. 하지만 다른 길이 없다. 컴퓨터 음성신호처리는 사람이 일일이 그림을 보고 기본주기검출을 하는 것이 아니라 일을 하는 것은 컴퓨터이니 그것의 기호에 맞추어 주어야 한다.

여기서 첫번째의 극소값인 R(P)를 올바로 찾기 위해 그림2.8과 같이 기준값을 경사지게 하여 검출을 시도한다. 이렇게 하면 오류의 가능성을 현저히 줄이고 검출을 할수있다. 그런데 이 경사값을 어느 정도로 하느냐가 문제가 된다. 대략적으로 보아 그림 2.2의 자기상관계수의 극대값들을 연결한 선의 기울기 정도로 검출기준선 RLV 가 기울도록 하면 될 것이다. 그러나 엄격한 적정값이 필수적으로 요구되는 것은 아니다. 여기서는 계산의 편의상 RLV의 매회 증가폭의

1/32 로 했다. (전산문 중의 rhstep = rstep >>5 참조)

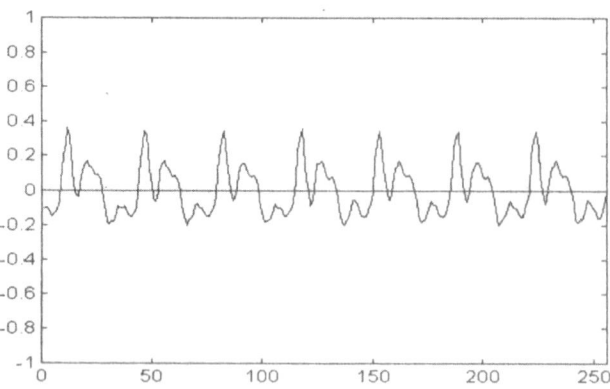

그림 2.6 음성파형의 예

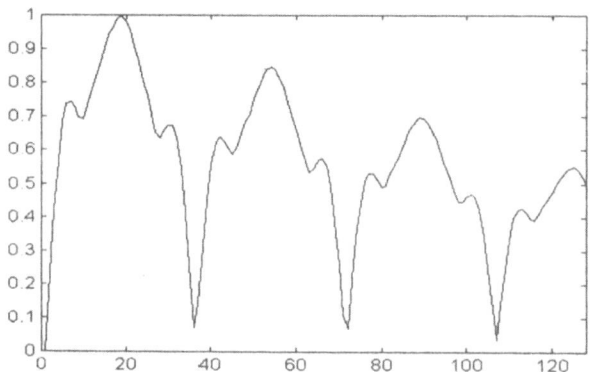

그림 2.7 앞의 그림 2.6의 신호의 평균차함수표이다. 그런데 여기서는 R(nP) < R(P) 즉 주기의 두배 혹은 세배가 되는 거리에서의 평균차함수의 값이 주기의 위치에서보다 더 아래로 내려갔음을 볼 수 있다. 이 때문에 단지 최소값을 구하는 식으로는 올바른 주기검출이 불가능하다. 주기값은 바로 최초의 극소값을 이루는 위치의 가로좌표이지 극소값 중에서 최소값은 아니기 때문이다. 이 때문에 맨 앞의 극소값을 만나기에 유리하도록 본래의 기준값을 얼마간 기울여 놓고 증가시키면서 그와 만나는 곳을 찾는다.

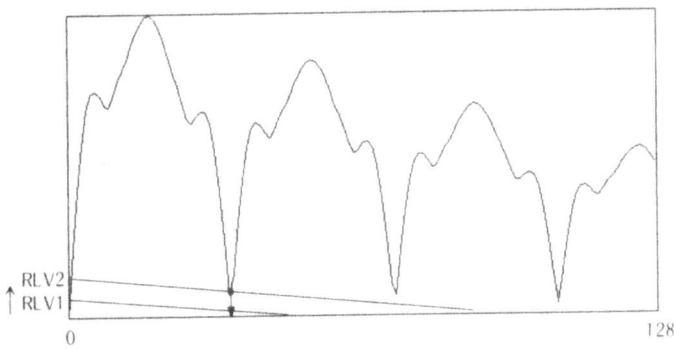

그림 2.8 경사진 기준값에 의한 첫 번째 극소값 R(P)의 검출

실제의 적용시에는 앞의 구간이 유성음인 경우에는 주기값이 급격히 변화하는 일은 거의 없으므로 이전에 구한 주기값을 기준으로 일정 범위 내에서 검색을 하여 계산량을 감소시키고 오검출의 확률을 줄인다. 앞의 구간이 무성음, 혹은 무음성이었다가 처음 유성음으로 바뀔 때만 앞의 방법을 적용한다.

음성분석을 위한 전산문에서 주기검출을 위한 함수는 주함수 혹은 상위의 함수로부터, 정해진 구간길이 N 만큼의 표본화 신호와 이전 구간들의 주기값을 받아 이것들을 토대로 하여 현재의 구간의 주기를 검출하여 다시 주함수 혹은 상위의 함수로 보내는 일을 한다.

전산문에서의 '함수'는 엄밀히 말하면 함수(function)라기 보다는 寫像(map)이라고 할 수 있다. 한 '함수'에서의 결과값은 하나의 수가 아닐 수가 있기 때문이다. 그러나 주기검출을 위한 '함수'는 주기값 하나만을 내보내기 때문에 사상이면서 또한 함수의 본뜻에 합치된다고 볼 수 있다.

함수 PITCH는 입력 데이타로서 정수형의 음성신호 x(1),...,x(N) (N <= 256)과 이전 구간의 주기 IPBF, 그리고 그 이전 구간의 주기

IPBS를 받아들인다.

현재의 구간이 음성분석 수행의 첫 구간이거나 이전 두 구간에 무성음이 포함될 경우(IPBS or IPBF = 0)에는 평균차함수 R(k) 산출의 범위를 k=16에서 k=2/N까지로 한정하였다. 이전의 2개 구간이 유성음인 경우는 IPBF-10 < k < IPBF+10 으로 범위를 한정시켰다. 이것들은 8kHz의 표본화율을 기준으로 한 것이므로 표본화율이 이보다 크다면 이들 여러 상수도 증가시키는 것이 당연하다 하겠다. 그렇지만 표본화주기 11kHz 의 경우에도 무리없이 적용된다.

$$R(k) = \sum_{n=1}^{N-k} |x(n) - x(n+k)| \qquad (2.2.7)$$

16 < k < N/2,   IPBS or IPBF = 0
IPBF-10 < k < IPBF+10,   IPBS and IPBF ≠ 0

RMAX가 R(k)의 최대값이라 할 때 0에서 RMAX까지의 사이를 20 단계로 나누고 기준값 RLV를 0에서 RMAX/2 까지 RSTEP=RMAX/20 식 증가시키면서 기준값보다 작은 R(k)를 앞에서 정한 k의 범위내에서 찾는다. 여기서 R(nP)에 의한 오검출을 막기 위하여 기준값을 그림과 같이 k가 증가하는 방향으로 경사지게 한다.

즉 k가 변화함에 따라 기울어진 기준값 RLVL=RLV-k*RHSTEP (RHSTEP =RSTEP/32)을 RLV대신 R(k)와의 비교 기준값으로 한다. RLVL=0 가 되면 다시 RLV를 RSTEP만큼 증가시켜 주기검출과정 수식을 반복한다.

이렇게 하여 R(k) < RLVL이 되면 P = k-1이 되어 보내지며 만약 R(k) < RMAX/2 되는 k >16 이 없으면 P = 0 (무성음) 으로 간주되어 보내진다.

이상과 같이 평균차함수에 의한 방법은 시간영역으로부터 주파수

영역에로의 변환이 적은 계산량으로도 가능하지만 결과값이 개개의 신호의 위상에 민감하기 때문에 앞에서와 같은 보완장치를 적용한다 하더라도 기본주기의 2배 혹은 3배의 거리에 해당하는 것을 주기로 오검출할 위험이 아직도 없다고 볼 수는 없다.

```
#define VLIMIT  4  /* 주기검출 반복시도 후에도 안되면 무성음으로 간주한다 */

int pitch(int ist,int ind) /* 기본주기 검출 함수 */
{
    unsigned short   amd[300], amax, hmax;
    unsigned short   rlvl,rlv,rhstep,rstep;
    int k,np,vcnt = 0;

    /* 예상되는 기본주기의 범위인 ist에서 ind까지 평균차함수값을 구한다. 그리고 그들
중의 최대값을 찾는다 */
        amax=0;
    for(k= ist; k < ind; k++) {
        for(np=0,amd[k]=0; np < naf-k; np++)
            amd[k] += abs(y[np]-y[np+k]);
        if(amax < amd[k])
            amax=amd[k];
    }
    hmax = amax>>1; /* 최대값의 절반 */
    rstep = amax>>4; /* 한계단 = 최대값의 1/16 */
    rhstep = rstep>>5; /* 기울기 = 계단의 1/32 */
    if(!rhstep||!rstep)
        return(0);
    for(rlv = rstep, vcnt = 0; rlv < amax && vcnt < VLIMIT; rlv += rstep,
vcnt++ ) {
```

```
                for(k=ist, rlvl = rlv ; k < ind; k++,rlvl -= rhstep )
                if( amd[k] < hmax && amd[k] < rlvl)
                        return(k);
        } /* 기본주기의 검출 */
        return(0);
}
unsigned int aben(char y[], unsigned int n)
{ /* 절대에너지의 산출 */
        int i;
        unsigned int e;

        for(i=0, e = 0; i < n; i++)
                e += abs(y[i]);
        return(e);
}
#define DC 0x80
unsigned short zecr(unsigned char ix[], int n)
{ /* 영교차율의 산출 */
        unsigned short nz,i;

        for(i = 0, nz = 0; i< n-1; i++)
                if (((ix[i]!=DC && ix[i+1]==DC) || (ix[i]!=DC && ix[i+1]==DC)
        || (ix[i] > DC && ix[i+1] < DC) || (ix[i] < DC && ix[i+1] > DC))
                        nz++;
        return(nz);
}
```

표 평균차함수법에 의한 주기검출 電算文

3. 單純化逆濾過追跡法

음성신호는 기본주기 이외에도 매우 다양한 복합적 형태를 지니고 있으므로 연속되는 음성신호의 주기를 검출할때 이 원음을 그대로 이용하면 기본주기정보 이외의 고주파수 성분의 파형정보가 기본주기검출 과정에 영향을 주어 오검출을 유도할 수 있다.

그런데 우리가 구하려고 하는 음성신호의 기본주기는 기본주파수 성분의 주기를 나타내는 것으로서 이를 결정지어주는 성분은 당연히 음성의 저주파수 성분이다.

그러므로 음성의 고주파수 신호를 제거시키더라도 그 주기성분은 계속 유지할 수 있을 것이다. 또한 낮은 표본화율(sampling rate)로 나타내질수 있다. 이렇게 음성의 저주파수 성분만을 가지고 주기를 검출하는 방법을 **單純化逆濾過追跡法**(Simplified Inverse Filter Tracking)이라고 한다.

여기서 단순화라는 것은 고주파성분을 제거한 '단순한' 형태의 음성정보를 의미하는 것이다. 그리고 역여과의 의미는 다음과 같다. 음성이 발생될 때 성도에 의한 여과과정을 거치면서 고유의 음색이 만들어진다는 것을 이미 이야기한바 있다. 그런데 이 **低標本化**된 신호를 다시 성도필터계수에 의한 역여과 과정을 거쳐 도로 원래의 음색이 없는 상태로 돌려 기본주기 이외의 성분이 충분히 제거된 신호를 만드는 것이다. 여기에 쓰이는 성도여과기계수 또한 저표본화된 신호로부터 얻은 것임은 물론이다. 이러한 과정으로 만들어진 신호를 가지고 기본주기성분을 추적하는 것이다. 이 방법은 당연히, 일단 신호가 이러한 형태로 변형된 다음에는 쉽고 정확하게 주기검출을 할 수 있다. 단 이렇게 하여 얻어진 주기값은 원래보다 낮은 표본화율로 얻어진 것이므로 도로 원래의 표본화율의 것으로 복원시키는 과정이 또 필요하다.

음성신호의 주기성분은 보통 주파수 대역이 1kHz 이하인 저주파 대역에 존재하므로 표본화율을 2kHz 정도로 하게 되면 이 주기정보를 함유하면서 단순,안정화된 정보를 얻을수 있다. 따라서 8kHz의 표본화율의 원음에 대한 저표본화율(downsampling rate)은 1/4이 된다.

저표본화된 신호로부터 자기상관계수법에 의해 주기가 검출되고 나서 이것을 다시 補間法(interpolation)에 의해 원래 신호의 표본화율에 해당되는 주기값으로 환원한다.

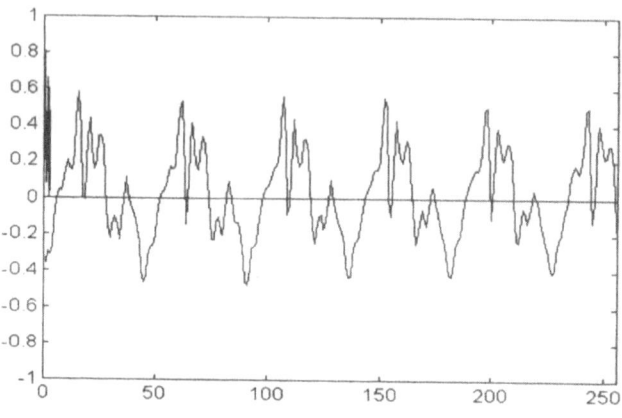

그림 2.9 음성신호의 파형

제2장 반복주기의 추출 **49**

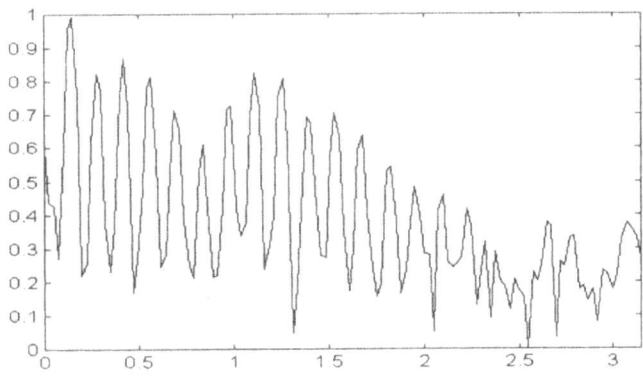

그림 2.10 그림 2.9의 음성신호의 주파수표

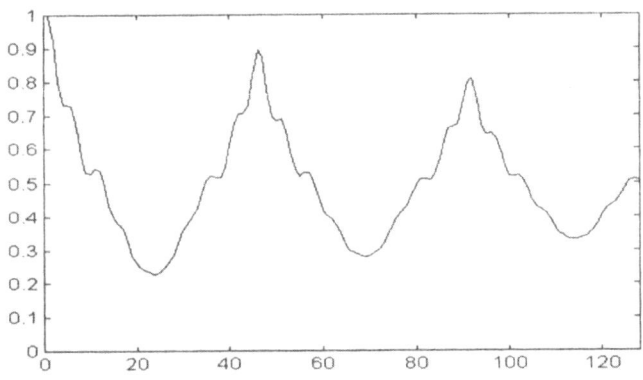

그림 2.11 자기상관계수

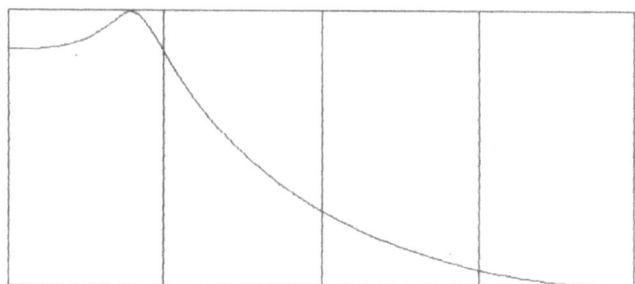

그림 2.12 先濾過를 위한 여과기의 주파수특성. 체비셰프 필터를 이용하여 최고 주파수의 4분의1 이하만을 주로 통과시키고 나머지는 감쇄시킨다. 나타내는 최고주파수가 4분의1로 줄어들었으므로 역시 표본화율 (sampling rate)을 4분의 1로 낮추는 저표본화(down sampling) 작업이 가능하다.

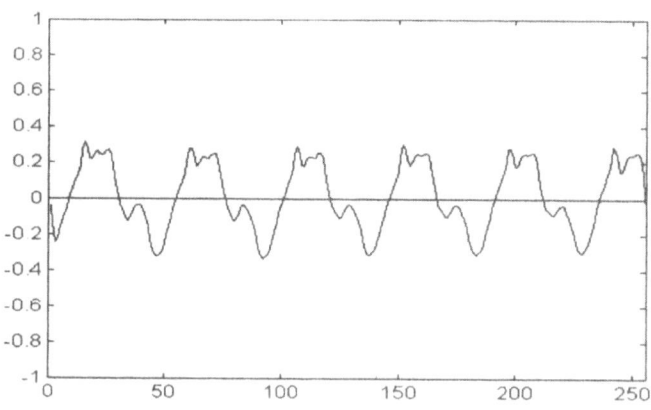

그림 2.13 선여과를 거친 음성신호. 아직 표본화율은 그대로이다.

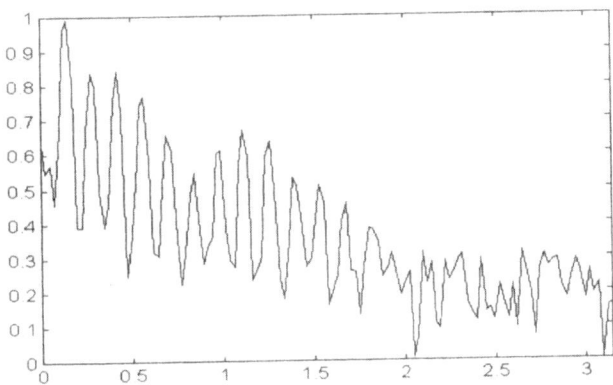

그림 2.14 그림 2.13의 선여과를 거친 음성의 주파수표. 최고주파수의 4분의 1이하 부분이 강조되었고 나머지는 감쇄된 상태.

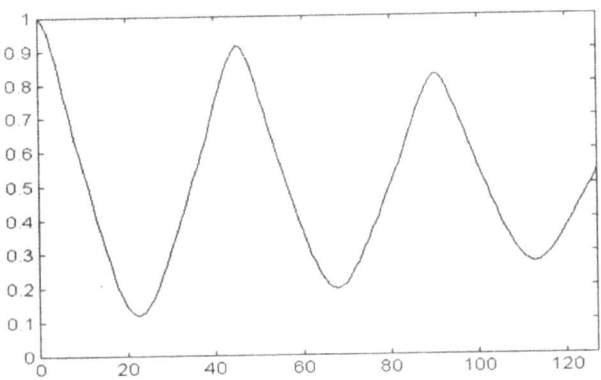

그림 2.15 선여과를 거친 저주파성분 신호만으로 자기상관계수를 구하여 주기검출을 시도한다.

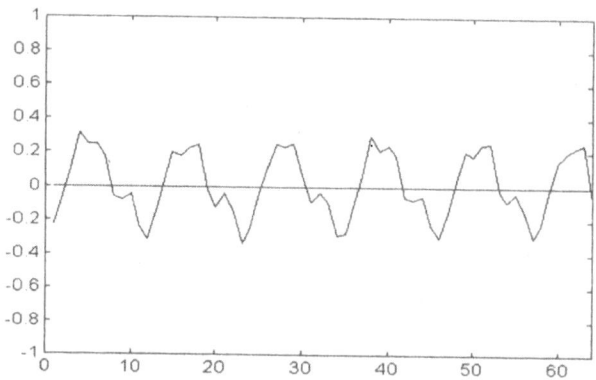

그림 2.16 低표본화 신호. 이미 최고주파수의 4분의 1 이하의 帶域만을 통과시킨 신호이므로 신호의 표본화율을 4분의 1로 하여도 정보의 손실이 거의 없다.

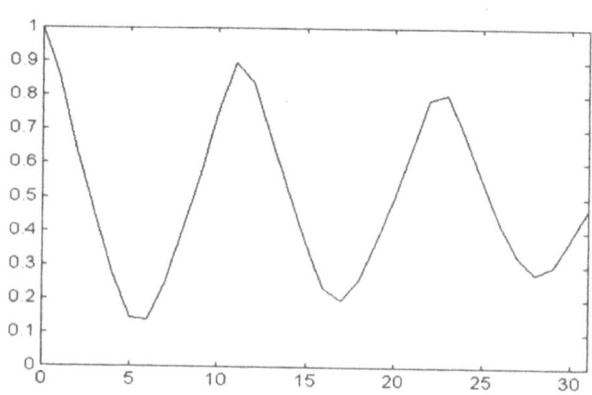

그림 2.17 저표본화된 신호로부터 다시 자기상관계수를 구하여 주기검출을 시도한다.

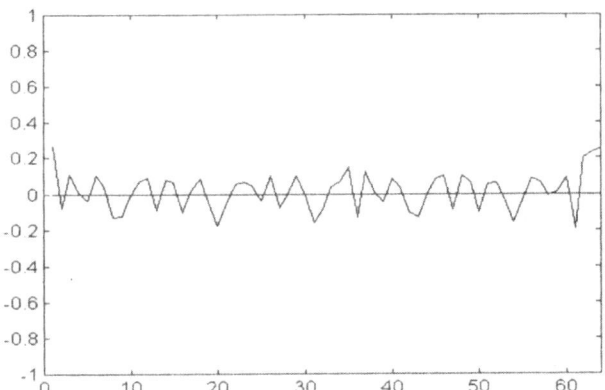

그림 2.18 저표본화신호의 殘差(residual). 저표본화신호에서 파형성분에 해당하는 요소를 逆여과 장치를 통해 제거했으므로 주기성분과 기타 예측오차만이 남는다. 육안으로는 드러나보이지 않으나 실제로는 주기성이 더 강조되어 있다.

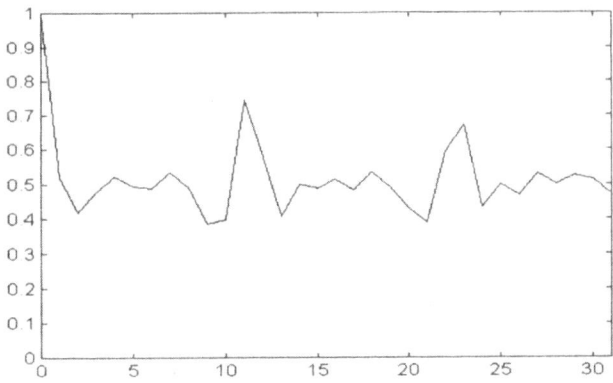

그림 2.19 앞의 여러 과정을 통하여 얻어진 저표본화 잔차신호로부터 다시 자기상관계수를 구하여 기본주기를 검출한다. 이 때 얻어진 수치는 저표본화한 단위신호의 개수가 원래신호의 4분의 1이므로 4분의 1의 수치로 얻어진다.

그림 2.9와 그림 2.10은 8kHz의 표본화율로 추출된 계수음성신호의 파형과 주파수표이다. 이 신호의 최고주파수는 4kHz이다.

이 음성신호를 그림 2.12의 여과특성을 가진 여과기에 통과시키면 원래 최고주파수의 1/4 이하에 해당하는 낮은 주파수 성분들만이 통과되어 그림 2.13과 같은 신호가 된다. 그림 2.14의 주파수표에서 높은 주파수 성분이 상당히 줄었음을 볼 수 있다. 줄어든 주파수帶는 감쇄(減殺)된 것으로 간주하고 무시해도 무방하다.

최고주파수가 원래의 1/4로 된 것이나 마찬가지이므로 표본화율도 1/4로 줄일 수 있다(cf. Nyquist Rate). 그림 2.16은 저표본화 신호로서 여기서도 자기상관계수에 의한 주기검출과 마찬가지로 원래주기의 1/4값을 얻을 수 있다.

원음신호로부터 파형성분을 제거시키면 잔차신호가 된다. 이 신호는 만약에 성도여과계수 만으로 음성을 합성한다고 가정했을 경우의 신호와 원음신호와의 차를 나타낸 것이다. 그러므로 선형방식으로의 산출과정에서 생기는 예측오차와 기본주기의 성분만이 남아 있을 것이다. 즉 이 신호는 이상적인 관점에서 보면 반복되는 기본주기만의 신호를 나타내려고 한 것이므로 여기서는 기본주기가 더욱 확실히 강조될 수밖에 없다.

그림 2.16의 저표본화 신호에서 차수가 4정도의 대강의 성도여과기계수를 구한다. 다시 이를 이용하여 이 신호를 역여과하면 성도여과성분이 제거된 잔차신호를 그림 2.18과 같이 얻는다.

이 신호로부터 자기상관계수를 구하고 그로부터 1/4주기값을 얻는다(그림2.19).

음성분석을 위한 완전한 정보를 얻기 해서는 앞의 저표본화상태 신호의 주기로부터 원래 신호의 주기를 유추해내야 한다. 주기값의 복원은 단순히 저표본화주기에다가 저표본화비율 4를 곱하는 것으로는 불가능하다. 그러므로 인접 분석구간의 주기변화를 따라 조절하는 과정이 필요하다.

이것을 선형보간법(linear interpolation)이라 한다.

여기서 사용된 주기검출함수 pitch() 의 역할은 다음과 같다. 우선 이전 세 구간의 저표본화주기 P1,P2,P3를 받아들인다. 그리고 현재의 구간에서는

$$R(L) = \max_{k=6}^{33} R(k) \quad (2.3.1)$$

R(·) : 저표본화잔차신호의 자기상관계수

인 L을 구한다.

여기서 6과 33은 각각 低標本化된 신호에서 기본주기값의 예상 범위의 下限값과 上限값이다.

현재의 분석구간이 그림 2.20의 모양과 같이 이렇다할 극대값을 가지고 있지 않으면(R(L) < R(L-1) (2.3.1)) 현 구간은 무성음으로 간주하여 P0 = 0 으로 한다.

현재의 구간이 유성음인 경우(P0 /= 0)는 그림 2.21의 도표에 따라 다음의 式과 같이 자기상관계수값의 비교에 의하여 P0를 유도한다.

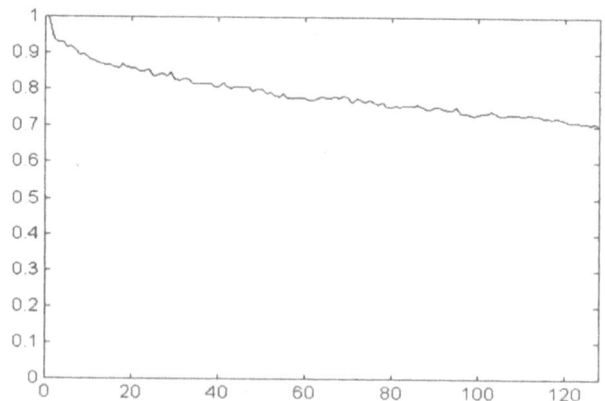

그림 2.20 무성음의 자기상관계수의 모습.

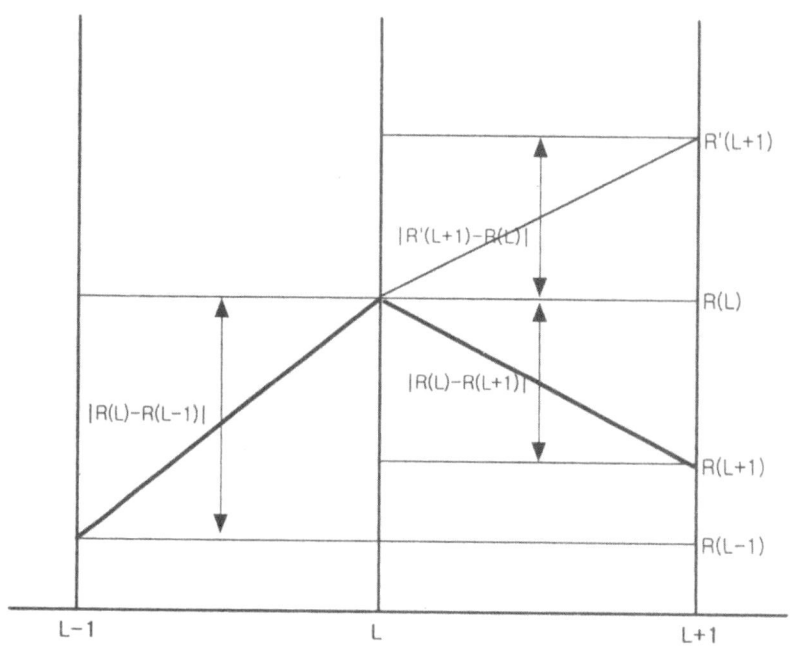

P0의 유도를 위한 자기상관계수표의 극대값 부근의 형태분석

저표본화된 신호로부터 구해진 극대값의 위치 L에서 왼쪽의 R(L-1)과 오른쪽의 R(L+1) 중 큰 쪽을 향해 본래의 극대값의 위치를 추정한다.

이러한 취지에서 P0 (L-1 < P0 < L+1)를 구하는 식을 만들면

$$R(L) = R(L+1) \text{ 이면}$$

$$|R(L) - R(L-1)|(P0 - L) = \frac{R(L) - R(L-1)}{2}$$

$$P0 - L = \frac{1}{2}$$

$$R(L) = R(L-1) \text{ 이면}$$

$$|R(L) - R(L-1)|(P0 - L) = -\frac{|R(L) - R(L+1)|}{2}$$

$$P0 - L = -\frac{1}{2}$$

$$R(L-1) = R(L+1) \text{ 이면}$$

$$(|R(L) - R| + |R(L) - R|)(P0 - L) = \frac{|R(L) - R|}{2} - \frac{|R(L) - R|}{2}$$

$$P0 = L$$

의 식으로 측정하여

$$(|R(L) - R(L-1)| + |R(L) - R(L+1)|)(P0 - L) =$$
$$\frac{|R(L) - R(L-1)|}{2} - \frac{|R(L) - R(L+1)|}{2}$$

에서

$$P0 - L = \frac{|R(L) - R(L-1)|/2 - |R(L) - R(L+1)|/2}{|R(L) - R(L-1)| + |R(L) - R(L+1)|}$$

$$P0 - L = \frac{(R(L) - R(L-1))/2 - (R(L) - R(L+1))/2}{R(L) - R(L-1) + R(L) - R(L+1)}$$

$$PO - L = \frac{(R(L+1) - R(L-1))/2}{R(L) - R(L-1) + R(L) - R(L+1)}$$

$$PO = L - \frac{(R(L+1) - R(L-1))/2}{R(L-1) - R(L) + R(L+1) - R(L)}$$

(2.3.2)

R(L)/R(0)는 음성신호의 주기성이 강할수록 큰 比를 가진다. 따라서 R(L)/R(0)는 (2.3.1)로서 구분하지 못한 유성음/무성음의 판별에 이용될 수 있다.

이에 따라 다음과 같이 기준값 V를 정의하면

$$V = \left(\frac{R(L)}{R(0)} - \frac{R(L+1) - R(L-1)}{8R(0)(R(L-1) - R(L) + R(L+1) - R(L))} \right) \left(\frac{23}{32 - L} \right)$$

$$V = \left(\frac{R(L)}{R(0)} - \frac{L - PO}{4R(0)} \right) \left(\frac{13}{32 - L} \right) \quad (2.3.3)$$

V > 0.25가 되면 유성음으로 간주되어 (2.3.2)에서 구해진 값을 P0로서 확정한다. V < 0.2 이면 무성음으로 간주하여 P0 = 0 으로 한다. 한편 0.2 < V < 0.25 일 때에는 앞구간에 따라 유성음/무성음을 판별하여 P1 = 0 이면 P0 = 0 으로 한다.

P1과 P3가 서로 가까운 값을 가질 때 (|P1-P3| < 0.375) P2는 다음과 같이 조절되어 주기값의 원만한 변화를 이루게 한다.

$$P2 = (P1+P3)/2 \quad (2.3.4)$$

무성음 또는 무음성 구간으로부터 유성음구간으로 넘어올 때는 주기검출에 오류가 생길 위험이 많다. 따라서 P3 = 0 즉 무성음 구간이 앞에 있고 다음에 P2 /= 0의 유성음 구간이 있을때 P0와 P1이 유사한 값을 가지면 (|P0-P1| > 0.2P1) P2의 값이 正常的인 궤도에서 이탈하는 것을 막기 위해 다음과 같은 線形補外法(linear extrapolation)을 적용한다.

$$P2 = 2P1-P0 \tag{2.3.5}$$

다시 유성음으로부터 무성음으로 넘어갈 경우에는 P1 = 0 이고 P2 와 P3 의 값이 차이가 큰 조건 (|P2-P3| > 0.375P3) 하에서 P2의 값이 궤도에서 크게 이탈하는 것을 막기 위해 P2 = 0 으로 한다.

이상과 같이 현재 분석되고 있는 구간의 저표본화주기와 이전 세 구간의 주기 P1,P2,P3 에 의해, 두 구간만큼 연기된 저표본화주기값 P2를 다시 조절하여 결정한다. 결국 우리가 구하려는 올바른 주기값은

$$\text{PITCH} = 4P2 \tag{2.3.6}$$

로서 이것은 2 구간 以前의 것에 해당된다.

한편 P0는 P1, P1 은 P2, P2 는 P3로 각각 順延되어 다음 구간에서의 주기검출을 준비한다.

單純化逆濾過追跡法에 依한
基本週期 檢出의 數式

```
#define MINDP  6 /* 低標本化週期의 最小限 */
#define MAXDP 31 /* 저표본화주기의 最大限 */
함수입력정보 : naf /* 분석구간길이 */, spch /* 음성신호열 */)
    nf = naf/4; /* 저표본화신호의 분석구간 길이는 표본의 個數로는 원래의 분석구간의
1/4이 된다 */
/* 低域通過器(Lowpass Fileter)의 적용 */
/* ass : 1/4 저역통과기 상수열 */
    u1=ass[1]*spch[1];
    x2=ass[3]*u1;
    u1=ass[1]*spch[2]+ass[2]*u1;
    x1=ass[3]*u1+ass[4]*x2;
    for(i=3;i<=naf;i++) {
        u=ass[1]*spch[i]+ass[2]*u1;
        x=ass[3]*u+ass[4]*x1+ass[5]*x2;
/* 모든 구간 내 신호에 대한 저역통과기의 적용 */
        u1=u; x1=x; x2=x1;
        if(!(i%4)) { pbuf[k]=x; k++; }
/* 매 4샘플마다 取함으로써 저표본화(downsampling) 적용 */
    }
 atc(nf,4,&pbuf[1],a,rc);
/* 저표본화 신호로부터 차수 4인 성도여과계수 추출 */
    for(j=1;j<=nf;j++) {
        if(j>=4) pbuf[j-4]= Direct(p,&a[-1],4,d,pbuf[j]);
        else Direct(p,&a[-1],4,d,pbuf[j]);
    } /* 구해진 성도여과계수로 다시 먼저의 저표본화신호를 역여과 시킴으로써 잔차신호
를 얻어낸다 */
    m=nf-4;
    mp=m-naf*(5./64.);
    abuf[1]=0.;
```

```
        for(i=1;i<=m;i++) abuf[1]+=pbuf[i]*pbuf[i];
        for(k=2;k<=mp;k++) {
            abuf[k]=0.;
for(i=1;i<=m-k+1;i++)pbuf[k]+=pbuf[i]*pbuf[i+k-1];
        } /* 저표본화신호의 자기상관계수 */
        amax=abuf[6];
        l= MINDP;
        for(i= MINDP;i<=min(mp-1,MAXDP);i++) {
            if(abuf[i]>amax) {
                    l=i;
                    amax=abuf[i];
            }
        } /* 자기상관계수의 최대값 */
        p1=pitch[1];
        p2=pitch[2];
        p3=pitch[3]; /* 以前 週期값의 승계 */
/* 저표본화신호의 주기검출 시작 */
        if(amax==0.) goto L110;
        if(abuf[l] < abuf[l-1]) goto L110;
        aa=abuf[l-1]-abuf[l];
        aa=(aa+abuf[l+1]-abuf[l])/2.;
        bb=(abuf[l+1]-abuf[l-1])/4.;
        rl=l-bb/aa;
        v= (abuf[l]-bb*bb/aa)/abuf[1];
        dd = (32.-l)/13;
        v=v/dd;
        if(v > .25) goto L100;
        if(p1==0.) goto L110;
        if(v >= .10) goto L100;
L110:   p0=0.;
        goto L120;
L100:   p0=rl;
L120:   if(fabs(p1-p3)<(0.375*p3)) p2=(p1+p3)/2;
```

```
        if(p3==0.&&p2!=0.)
            if(fabs(p0-p1)<(0.2*p1))
                p2=2*p1-p0;
        if(p1==0.)
            if(fabs(p2-p3)>(0.375*p3)) p2=0.;
/* 저표본화신호의 주기검출 완료(實數값) */
        pitch[3]=p2;
        pitch[2]=p1;
        pitch[1]=p0;  /* 구해진 주기값의 順延 */
        if(p2 < 1.0) return(0);
        return((BYTE)(4*(p2-1.0)));  /* 4배한 뒤 정수값으로 환원한다 */
REAL /* 逆여과기 */
Direct(REAL *a,REAL *p,int m,REAL *d,REAL xin)
{
        REAL xout = 0;
        int ip,jj;
/* 애초의 신호에서 얻어진 파형성분 여과계수를 거꾸로 다시 적용하여 이들 여과성분을 원
래 신호에서 제거한다. */
        d[1]=xin;
        for(ip=1;ip<=m;ip++) {
                jj=m+1-ip;
                xout+=d[jj+1]*p[jj+1];
                d[1]-=a[jj+1]*d[jj+1];
                d[jj+1]=d[jj];
        }
        xout+=d[1]*p[1];
        return(xout);
}
```

4. 逆周波數表 方式

 음성정보의 의미를 나타내기 위한 방법에는 시간의 흐름에 따른 변화를 그대로 따라 측정하는 것이 있고, 이와는 달리 시간을 초월하여 전체적으로 관조하는 것이라 할 수 있는 주파수 영역 측정의 두 가지가 있다.
 시간에 따른 변화에 의한 나타냄이 자연 그대로의 것이라면 시간을 초월한 전체적 관점의 세계는 學問에 의해 가정된 純粹理性의 세계로서, 정보의 의미분석을 위한 恒時的 자료를 제공해 주는 것이다. 앞서 다루어진 자기상관계수와 평균차함수 모두가 일종의 非時間 영역의 정보 표현수단이다.
 계산량이 많은 자기상관계수가 평균차함수보다 더 많은 본래정보를 함유하고 있다고 했지만 이제 그보다 더욱 자세한 (그러면서 계산량은 더 많은) 非시간 영역 정보표현법이 있다. 그것은 應用解釋學이나 微分方程式 등 대학 本科 課程의 수학을 공부한 사람이라면 자기상관계수, 평균차함수 등 보다 오히려 더 친숙한 푸례變換(Fourier Transform)이다.
 푸례변환으로써 시간에 따른 변화량에 의해 표현되었던 음성정보는 그 규칙성의 樣相이 추출되어 비시간 영역의 정보표현이 이루어진다. 추출된 규칙성이란 곧 일정시간내의 반복이므로 주파수를 의미하고 규칙성을 따라 본래정보를 분해하여 표시한 비시간영역의 정보 표현은 주파수영역에 의한 정보 표현이 된다.
 즉 음성신호란 시간영역에서 물리량의 위상변화로서 나타나는 것이나 이것을 주파수영역의 정보로 변환하면 여러 帶域의 주파수 성분값의 調合으로 음성이 이루어진 것을 알 수 있다.
 이 중 최고 에너지를 갖는 주파수성분의 값이 곧 기본주기와 대응하게 된다.

　음성신호에 푸례변환을 복소수평면상에서 적용하면 본래의 시간영역의 정보를 원칙적으로 모두 함유한다. 그림 2.21에 나타난, 시간영역에서의 일차원신호 s(n) (1 <= n <= N)을 x(n)=(s(n),0)인 이차원(複素數)신호로 가정하여, 푸례변환에 의해 주파수영역으로 변환시키고 난뒤, 다시 逆푸례변환에 의해 시간영역에로의 변환을 시키면, 그 결과의 실수 성분은 다시 본래의 신호 s(n)이 된다.

　그림 2.22와 그림 2.23은 그림2.21의 x(n)=(s(n),0)의 푸례변환 X(k)를 실수성분 Real(X(k))와 허수성분 Im(X(k))로 나누어 도시한 것이다.

　그러나 이것으로는 X(k)의 내용을 효과적으로 나타내지 못한다. 그림 2.24와 그림 2.25는 X(k)를 절대값(absolute magnitude)성분과 位相(phase)성분으로 나누어 X(k)=R*exp($i\theta$)의 R 과 θ를 圖示한 것이다.

　절대값 R은 주파수영역 내에서의 각 대역의 주파수 성분의 상대적 크기를 나타내며 위상 θ는 각 주파수 성분의 正弦波(sine wave)의 상대적인 위치관계(位相差:phase distortion)를 나타낸다. 일차원 신호인 음성에서 각 주파수성분의 위상차는 음성이 지니고 있는 청각정보에 거의 영향을 미치지 못한다. 따라서 위상차 성분의 정보는 재청취를 위한 음성의 정보처리 과정에서는 제거되어도 좋다.

　주파수영역에서 절대값성분의 주파수표(spectrum)만을 취하여 이것을 다시 시간영역으로 역푸례변환 하여 얻은 신호의 절대값의 표를 역주파수표(cepstrum)라 한다.

　이것은 각 주파수성분의 위상차정보가 제거되었으면서도 분석구간 내의 전반적인 음성신호의 형태를 시간영역으로서 나타내주는 것으로서 앞에서 취급한 자기상관계수나 평균차함수와 비슷한 개념을 가지면서 보다 精確한 음성신호의 정보가 된다. 물론 그만큼 많은 수식연산과정이 요구되는데 역주파수표를 구하는 수식연산과정은 푸레변환에 관한 서적을 참조하면 된다.

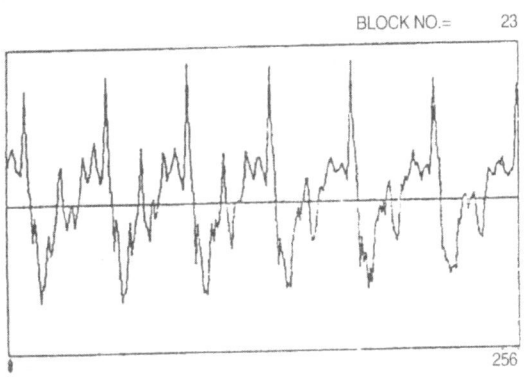

그림 2.21 입력신호 s(n) x(n) = (s(n), 0)

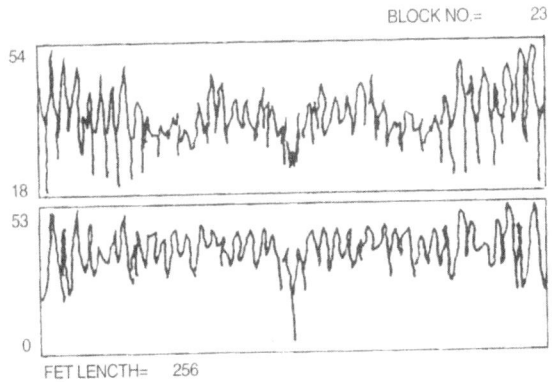

그림 2.22 실수축과 허수축의 X(k)

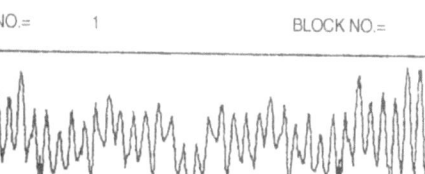

그림 2.23 극좌표로 나타낸 음성신호의 성질

計數음성신호 그림2.21 푸례변환의 절대값, 즉 주파수표 그림2.28 을 역푸례변환하여 그 절대값을 도시한 것이 그림2.23이다. 음성신호를 $Re^{i\theta}$ 라 하였을 때의 R 과 θ 를 나타낸 것이다.

여기서는 주파수 영역에서 절대값을 취하는 과정에서 각 주파수 성분의 위상차가 소멸되었으므로 구간 내에서의 각 주파수성분 신호의 상대적인 크기에 대해서만 기록된다.

그림2.28에서 P,2P 혹은 3P 만큼씩 떨어져 있는 두 음성신호 표본은 서로 유사한 값을 가짐을 볼 수 있다. 그런데 P를 주기로 하는 반복신호는 총 6번 나타나는데 비해 2P,3P를 주기로 하는 반복신호는 각각 3번과 2번 나타날 뿐이다. 따라서 그림 2.29에서 보듯이 2P,3P를 나타내는 極點(peak)은 P를 나타내는 그것보다 그만큼 낮은 위치에 있게 된다.

역주파수표에 의한 주기의 검출은 자기상관계수 혹은 평균차함수에 의한 경우와 같이 주기의 예상 범위에서 극점의 위치를 찾아내면 된다.

역주파수표는 극점이 분명하고 C(2P)나 C(3P)등이 C(P)보다 크게 되는 경우가 없기 때문에 정확하게 주기를 검출할 수 있다. 반면에 많은 계산량을 요구하며, 고속 푸레변환을 적용하려면 분석구간이 2의 승수가 되어야 용이하다.

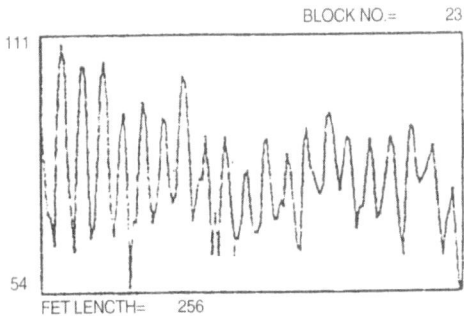

그림 2.24 |DFT(x (.))|

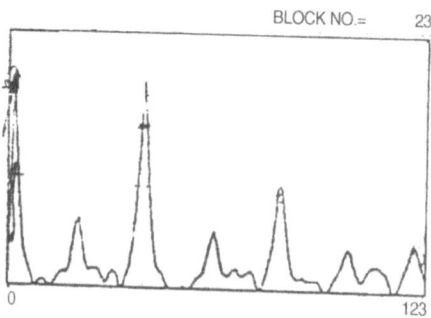

그림 2.25 | IDFT | DFT(x (.)) | |

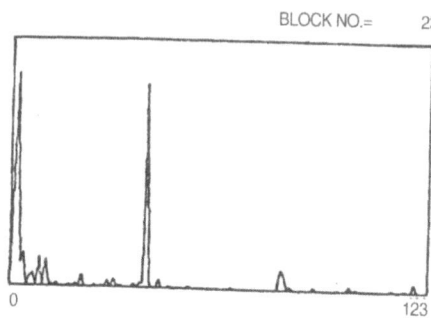

그림 2.26 | IDFT(log | DFT(x (.)) |) |

제2장 반복주기의 추출 **69**

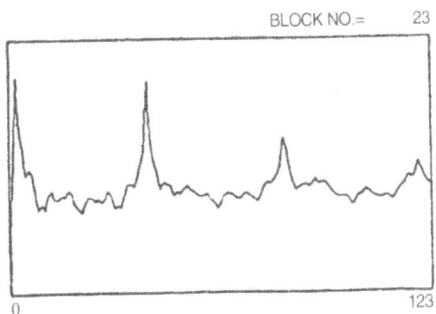

그림 2.27 | IDFT(exp | DFT(x (.)) |) |

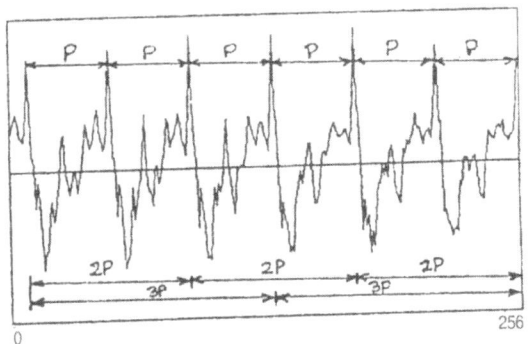

그림 2.28

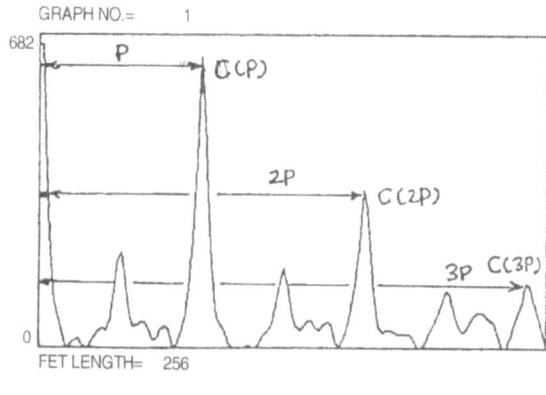

그림 2.29

역주파수표는 본래의 음성신호가 가지고 있는 청각적 정보를 거의 완전히 포함한다. 그림 2.27은 |DFT(x(.))|에 지수함수를 취하여 미세한 부분을 다시 강조시킨 것인데 이것은 最小位相復原(minimum phase reconstruction)이라고 한다. 즉 음성파형을 이루는 각 성분을 서로간의 위상차를 무시하고 재정리 한 것이라고 볼 수 있다. 마치 자기상관계수표와 같이 구간별로 구할 수가 있다. 이 값은 비록 음성신호의 청각정보와 일치한다고는 하지만 각 구간별로 분리되어 있기 때문에 이 신호를 그대로 음성신호로 듣는다면 구간 사이의 벽 때문에 잡음이 심해 제대로 듣지는 못할 것이다. 그러나 구간 별로 음성분석을 하고 다시 합성한다면 음성정보가 고스란히 되살아나서 원음에 의한 음성분석을 했을 경우와 비교해 손색없는 합성음을 얻을 것이다.

第3章. 聲道濾過係數의 抽出

1. 성도여과계수의 의미

일정 구간 내의 반복되는 음성파형의 정보를 중복없이 한 번에 표시하기 위해서는, 이들 반복파형의 공통적 요소를 하나의 수열 즉 **拍動信號列**(유성음) 혹은 잡음신호(무성음)에 씌워지는 필터의 형태로서 나타낼 수 있다.

다시 말하면 구간 안에서 연속되는 계수음성신호의 상호관계를 나타내는 계수를 일정 차수 만큼 구하여, 이들에 의해 해당되는 분석구간의 파형을 나타내는 것이다.

음성신호는 항시 변화하고 있는 신호이다. 음성을 발생하는 시스템인 성도의 상태는 항시 변화하고 있다. 그러나 우리의 목적은 이러한 시스템의 기본 성격을 찾아내어 신호 발생의 법칙을 얻어내는 것이다. 이를 위해서는 어느 일정한 구간 내의 유사한 반복파형은 동일한 시스템으로부터 발생한 것이라고 가정할 필요가 있다.

이 일정구간을 디지탈표본 N 개로 이루어진 것이라고 한다. 그러면 음성신호 x(1),...,x(N) (N:구간길이)에서 한 시점의 신호 x(n)은 그 이전의 p (p < N) 개의 신호 x(n-1),...x(n-p)에 의해

$$x(n) = \sum_{k=1}^{p} a(k)x(n-k)+e(n) \qquad p+1<=n<=N \qquad (3.1.1)$$

의 식으로 나타내질 수 있다.

여기서 예측오차 e(n)의 절대값을 최소로 하는 계수 a(1),...,a(p)를

구하는 것이 성도여과계수의 추출이다.

일정 구간 동안은 동일한 시스템으로부터 신호가 발생한다고 가정하는 것은 곧 그 일정 구간에 해당하는 시간 동안은 이 음성출력 시스템을 定常過程(stationary process)이라하여 신호 발생의 원천이 변화하지 않는다고 간주하는 것이다.

이렇듯 음성분석은 구간의 단위로 행해지는 것이므로 |e(n)|의 최소화는 한 구간 전체를 단위로 하여 수행된다. 즉

$$E = \sum_{n=p+1}^{N} (e(n))2 = \sum_{n=p+1}^{N} (x(n) - \sum_{k=1}^{p} a(k)x(n-k))2 \qquad (3.1.2)$$

을 최소로 하는 식을 생각한다.

이로부터 생겨나는 p 개의 원을 가진 연립방적식의 해 a(1),...,a(p)에 의해 음성신호의 파형을 나타낼 수 있는 것이다.

E를 최소화하려면 우선 E를 a(.)에 대하여 편미분한다.

$$\frac{\partial E}{\partial a(k)} = -2x(n-k) \sum_{n=p+1}^{N} (x(n) - \sum_{k=1}^{p} a(k)x(n-k)) = 0 \qquad (3.1.3)$$

이 식을 만족시키는 a(.)를 구한다.

여기서

$$2\frac{\partial E}{\partial a(k)} = -2(x(n-k)) >= 0 \qquad (3.1.4)$$

이므로

E는 $\frac{\partial E}{\partial a(k)}$ = 0 (1 <= k <= p)되는 a(k)에서 최소값을 가진다.

이렇게 해서 구해진 성도여과계수 a(.)와 최소화된 예측오차 E는 각각 음성의 파형과 진폭을 결정지어주는 변수로서 사용된다.

제3장 성도여과계수의 추출 73

예측오차가 어째서 음성의 진폭을 결정지어주는 것인가에 대해 일단 용어만으로서의 해석으로는 잘 납득이 가지 않을 것이다. 그러나 예측오차는 앞서의 단순화역여과추적법에서의 설명하였듯이 오직 파형을 나타내는 신호와 완전한 음성신호와의 차를 나타낸다. 음성의 주기성의 근본인 박동신호 성분도 파형 성분에는 포함되지 않는 것이므로 박동신호의 폭이 클수록 예측오차는 큰 값을 가지게 된다. 따라서 예측오차는 음량과 밀접한 관계를 갖는다.

음성신호와 (3.1.3)의 풀이법으로서 다음에 설명되는 자기상관계수법과 공분산계수법이 있다.

2. 自己相關係數法

자기상관계수에 관해서는 이미 앞의 주기검출의 단원에서 충분히 소개된 바 있다. 그러나 여기서 다시 이해를 더하기 위해 재차 정의하자면, 자기상관계수란 어느 일정의 거리 만큼 떨어져 있는 두 신호표본이 서로 어느 정도의 유사성을 가지고 있는가를 거리와 유사성의 관계를 나타내는 함수로서 표현한 것이다. 그렇다면 어느 한 시점에서의 신호표본의 값은 그 이전의 신호값 여러개와 각각 어느 정도 유사성을 가지고 있는가의 수치들로 이루어진 식으로 나타낼 수 있을 것이다. 이 수치열을 음성합성의 여과상수로서 이용한다.

음성신호 x(n) (1<=n<=N)으로부터 여과차수 p만큼의 자기상관계수 R(1), ...,R(p)를 (2.1.1)에 의해 구한다. 그 다음 (3.1.1)로부터 합성식

$$x(n+i) = \sum_{k=1}^{p} a(k)x(n+i-k) \quad p+1<=n<=N-i \qquad (3.2.1)$$

을 얻는다.

다시 x(n)을 양변에 곱하면

$$x(n)x(n+i) = \sum_{k=1}^{p} a(k)\, x(n)x(n+i-k) \quad p+1<=n<=N-i \quad (3.2.2)$$

가 된다.

이것을 p+1<=n<=N-i에 걸쳐 합하면

$$\sum_{n=p+1}^{N-i} x(n)x(n+i) = \sum_{k=1}^{p} a(k) \sum_{n=p+1}^{N-i} x(n)x(n+i-k) \quad (3.2.3)$$

$$\sum_{n=1}^{N} x(n)x(n+i) = \sum_{k=1}^{p} a(k)\, x(n)x(n+i-k) \quad (3.2.4)$$

x(m)=0 , m<1 or m>N

$$R(i) = \sum_{k=1}^{p} a(k)\, R(i-k) = \sum_{k=1}^{p} a(k)\, R(|i-k|) \quad (3.2.5)$$

이 된다.

이 식을 풀이함으로써 여과계수 a(.)을 얻는다.

실제의 음성분석에서는 여과계수 a(.)대신 a(.)의 산출과정에서 생성되는 대응관계의 反射係數 c(.)를 사용한다.

반사계수 c(.)는 다음과 같이 정의된다.

$$c(i) = \frac{-R(i+1)}{\sum_{k=0}^{i-1} c(k)R(k+1)},\ i \geq 1 \quad (3.2.6)$$

$$c(0) = -R(1)/R(0)$$

자기상관계수의 산출근거는 본래 무한히 반복되는 **定常過程**을 토대로 한 것이므로 유한한 반복주기를 가진 한 구간의 음성신호에 적용하기 위해서는 특별한 조처가 필요하다. 이에 관해서는 3절 **必要**과정에 서술되어 있다.

다음은 자기상관계수의 방법에 의한 반사계수 산출을 위한 전산문이다.

```
float atc(unsigned char naf, unsigned char nfc, float x[], float *rc)
{ /* 주어진 구간의 신호들에 對해 자기상관 계수를 산출하여 다시 그로부터 반사계수를
    얻어내어 보내는 寫像 */
    float  r[20],s,a[20],at,alpha;
    int k,np,minc,ip,mh,ib;
    for(k=1;k <=nfc+1; k++)
        for(np= 1,r[k-1]=0; np <= naf-k+1; np++)
            r[k-1] += x[np-1]*x[np+k-2];
/*자기상관계수 산출 */
    if(r[0] == 0.) {
#ifdef EXPER
        printf("Warning, r[0] is zero.\n");
#endif
        for(k= 0;k < nfc; k++) rc[k]= 0;
        return(0);
    } else
        rc[0]= -r[1]/r[0];
    a[0] = 1.; a[1] = rc[0]; alpha = r[0] + r[1]*rc[0];
/* 여과계수와 반사계수의 산출 */
```

```
        for(minc=2; minc <= nfc;minc++) {
        for(ip=1,s=0; ip <= minc; ip++) {
            s += r[minc-ip+1]*a[ip-1];
        }
        if(alpha == 0.)
            printf("Warning, alpha is zero.\n");
        else
            rc[minc-1]= -s/alpha;
        mh = minc/2+1;
        for(ip = 2; ip <= mh; ip++) {
            ib=minc-ip+1;
            at=a[ip-1]+ rc[minc-1]*a[ib];
            a[ib] += rc[minc-1]*a[ip-1];
            a[ip-1]=at;
        }
        a[minc] = rc[minc-1];
        alpha += rc[minc-1]*s;
        if(alpha < 0.) {
#ifdef EXPER
            printf("Warning, Singular Matrix.\n");
#endif
            return(0);
            }
        }
        return(alpha);
}
```

3. 共分散係數法

어느 일정점을 기준으로 인접한 표본들을 가로와 세로로 중복되게 늘어놓아, 이들이 이루는 정방형 행렬에서 공분산을 계산하여 인접도와 유사성의 상관 관계식을 얻는 방법으로서 다음과 같은 수식과정을 거친다.

s(k-p),s(k-p+1),...,s(k)의 신호 수열이 있어 s(k-p)로부터 s(k-1)까지의 p개의 이전 신호로부터 현재 신호 s(k)를 구하기 위해

$$c(i,j) = \sum_{k=p}^{N} s(k-i)s(k-j) \quad 0<=i,j<=p \qquad (3.3.1)$$

와 같은 상관분산계수를 정의한다.

이와 같은 값을 s(k-p)에서 s(k)까지 p+1 개의 신호들 상호간 모두에 대해 구하기 위한 正方形行列을 정의한다.

```
              s(k-p)   s(k-p+1) ... s(k-1)  s(k)
s(k-p)        c(p,p)   c(p,p-1) ... c(p,1)  c(p,0)
s(k-p+1)      c(p-1,p) c(p-1,p-1)...c(p-1,1)c(p-1,0)
.
.
.
s(k-1)        c(1,p)   c(1,p-1) ... c(1,1)  c(1,0)
s(k)          c(0,p)   c(0,p-1) ... c(0,1)  c(0,0)
```

이들 c(i,j)를 산출하기 위하여 우선 i = 0을 (3.2.1)에 대입하면

$$c(0,j) = \sum_{k=p}^{N} s(k)s(k-j) \quad 0<=i,j<=p \qquad (3.3.2)$$

이 되어 먼저 c(0,j)가 구해진다.

다시 상관분산계수 행렬의 對稱性(c(i,j)=c(j,i))과 순환관계를 이용하여 다음의 연립방정식을 구성한다.

$$c(i,j)-c(i-1,j-1)$$

$$= \sum_{k=p}^{N-1} s(k-i)s(k-j) - \sum_{k=p}^{N-1} s(k+1-i)s(k+1-j)$$

$$= s(p-i)s(p-j) - s(p+1-i)s(p+1-j)$$
$$+ s(p+1-i)s(p+1-j) - s(p+2-i)s(p+2-j)$$

$$\vdots$$

$$+ s(N-i)s(N-j) - s(N-1-i)s(N-1-j)$$
$$+ s(N-i)s(N-j) - s(N-i)s(N-j)$$

$$\overline{\quad s(p-i)s(p-j) - s(N-i)s(N-j) \qquad\qquad 1<=i,j<=p}$$

$$c(i,j) = c(i-1,j-1)+s(p+1-i)s(p+1-j)-s(N+1-i)s(N+1-j)$$
$$1<=i,j<=p \quad (3.3.3)$$

$$e(m) = c(0,0)+c(m,m)+2\sum_{i=1}^{m} a(m,i)[c(0,i)+c(m,m-i)]$$

$$+ \sum_{i=1}^{m} (a(m,i))2[c(i,i)+c(m-i,m-i)]$$

$$+ 2\sum_{i=1}^{m-1}\sum_{j=i+1}^{m} a(m,i)a(m,j)[c(i,j)+c(m-i,m-j)]$$

$$b(m) = c(0,m)+\sum_{i=1}^{m} a(m,i)[c(0,m-i)+c(i,m)]$$

$$+ \sum_{i=1}^{m} (a(m,m))2c(i,m-i)$$

$$+ \sum_{i=1}^{m-1} \sum_{j=i+1}^{m} a(m,i)a(m,j)[c(i,m-j)+c(j,m-i)]$$

$$rc(m) = - \frac{2b(m)}{e(m)}$$

a(m,m)=rc(m)
a(m,i)=a(m-1,i)+rc(m)a(m-1,m-i),   0<=i<=m-1, 0<=m<=p
E = (1-(rc(p)))2e(p)

공분산계수에 의한 방법은 자기상관계수를 사용한 방법에서 필수적이었던 창씌우기가 필요 없다. 따라서 원음정보의 손실이 없이 원음그대로의 분석을 하게 되어 더욱 精確한 분석이 가능하다. 그러나 수식의 특성상 收斂(convergence)을 보장할 수가 없어 安定性이 떨어진다.

다음은 공분산계수 산출의 방법에 의한 반사계수 추출을 위한 전산문이다.

```
#define DO do
#define RETURN return
#define IF if
REAL EFFLAT (NSIG,NSTAGE,SIG,RC)
WORD NSIG, NSTAGE; char *SIG; REAL *RC;
{
REAL
A[16],SCR[16],Y,PHI[16][16],C,SUM1,SUM3,SUM4,SUM6,SUM7,SUM9,FPLUSB,TEMP;
    int M,mp1,mmi,MMU,I,ip1,J,K,kp1mj,np1,np2,nsp2,im1,np2mi,nsp2mi;
    int mm1,mm2,mp1mi,mp1mj,np2mj,nsp2mj;
    np1 = NSTAGE+1; np2 = NSTAGE+2; nsp2 = NSIG+2; J = 1;
    DO {    TEMP=0;  K=np1;
        DO { kp1mj = K+1-J;  TEMP += SIG[K]*SIG[kp1mj];
```

```
            } while ( ++K <= NSIG);
          PHI[1][J] = TEMP;
     } while (++J <= np1); /* 한 行에 對한 共分散을 구한다 */
     I=2;
     DO { im1 = I-1; J=1;
       DO { PHI[I][J]=PHI[J][I];
       } while ( ++J <= im1);
       np2mi = np2-I; nsp2mi = nsp2-I; J=1;
       DO {    np2mj = np2-J; nsp2mj = nsp2-J;
PHI[I][J]=PHI[I-1][J-1]+SIG[np2mi]*SIG[np2mj]-SIG[nsp2mi]*SIG[nsp2mj];
       } while ( ++J <= np1);
       } while ( ++I <= np1); /* 공분산의 대칭성을 이용하여 정방행렬 전체
에 대해 공분산값을 구한다 */
     FPLUSB=PHI[1][1]+PHI[2][2]; C=PHI[1][2]; RC[1]=0;
     IF(C!=0.0) RC[1]= -2*C/FPLUSB;
     A[1]=RC[1]; M= 2;
DO { mp1=M+1; mm1=M-1; SUM1=0; SUM3=0; SUM4=0; SUM6=0; I=1;
       DO {    ip1=I+1; SCR[I]=A[I]; mp1mi = mp1-I;
            SUM1+= A[I]*(PHI[1][ip1]+PHI[mp1][mp1mi]);
            SUM3+= A[I]*(PHI[1][mp1mi]+PHI[ip1][mp1]);
            Y= sqr(A[I]);
            SUM4+= Y*(PHI[ip1][ip1]+PHI[mp1mi][mp1mi]);
            SUM6+= Y*PHI[ip1][mp1mi];
       } while (++I <= mm1);
     SUM7=0; SUM9=0;
     IF(M != 2)
     {      mm2 = M-2; I=1;
            DO { ip1=I+1; mp1mi = mp1-I; J=ip1;
              DO {
              Y= A[I]*A[J];
              mp1mj = mp1 - J;
              SUM7+=Y*(PHI[ip1][J+1]+PHI[mp1mi][mp1mj]);
              SUM9+=Y*(PHI[ip1][mp1mj]+PHI[J+1][mp1mi]);
```

```
            } while (++J <= mm1);
          } while (++I <= mm2);
    }
    FPLUSB=PHI[1][1]+PHI[mp1][mp1]+2*(SUM1+SUM7)+SUM4;
    C=PHI[1][mp1]+SUM3+SUM6+SUM9;  RC[M]=0;
    IF(C!=0.0)   RC[M] = -2*C/FPLUSB;
    I=1;   DO { mmi = M-I; A[I]=SCR[I]+ RC[M]*SCR[mmi];
    } while (++I <= mm1);
    A[M]=RC[M];
  } while (++M <= NSTAGE);
/* 구해진 반사계수는 초함수에서 해당 저장주소를 참조하면 되고 잔차에너지값이 본 함수
의 결과로서 보내진다 */
    RETURN FPLUSB*(1.-sqr(RC[NSTAGE]))/2;
}
```

4. 효과적인 성도여과계수 추출을 위한 필요 과정

① 窓씌우기(Windowing)

x(n),(1<=n<=N)을 1<=k<=p에 의해 예측할 때 n<=p의 경우에는 x(n)= a(1)x(n-1)+,...,+a(p)x(n-p)에서 n-k<=1일 때에는 x(n-k)의 신호가 존재하지 않으므로 없는 신호로부터 신호를 예측하는 모순이 생긴다.

다시 말하자면 그림 3.1의 원음신호 파형을 보자. 우리는 그냥 당연히 유사한 모양의 파형이 연속해서 나타나는 것이라고 생각하지만 무한한 반복신호로부터 공통점을 추출하려는 수식 연산의 입장에서 보면 0위치 이전의 신호와 256위치 이후의 신호는 모두 0, 아니 애초에 존재하지도 않는 신호들로서 이 부근의 신호는 전혀 주기성을

갖지 않은 날카로운 조각 모양의 잡음에 지나지 않은 것이다.

  이러한 양끝단에서의 필연적인 오차를 최소화하기 위해 자기상관계수의 해법에서는 양끝단을 서서히 감소시키기 위한 창씌우기가 필요하다.

  창씌우기의 본 의미는 연속적으로 나타나는 디지탈신호의 열에서 그 일부분을 분석을 위한 구간만큼만 걷어들이는 수식을 말하는 것이다. 그림3.1의 신호형태도 원하는 길이만큼의 신호자료를 일정하게 추려내는 사각창(Rectangular Window)을 통과한 신호라고 볼수 있다.

  이렇게 쓰이는 창에는 여러가지 종류가 있으나 여기서는 사각창 이외에 해밍창(Hamming Window) 만을 예로 든다. 해밍창은 분석구간의 가장자리로 갈수록 신호자료의 크기를 점차 줄여나감으로써 양끝단에서의 날카로운 잡음성분의 발생을 방지시키는 것으로서 다음의 식으로 정의된다.

$$w(i) = 0.54 - 0.46 * \cos(2\Pi * i/N) \qquad (3.4.1)$$

  그림3.1과 그림3.2는 원음신호와 그에 해밍창를 씌운 신호를 비교한 것이다. 이러한 감쇄(減殺) 창을 씌운 부분의 신호정보가 손실되는 것을 보상하기 위해 전체구간길이의 4분의 1정도에 해당하는 구간중복설정(overlap)이 필요하다. 즉 한 구간에 0 에서 N-1 가지의 신호가 있을때 이 구간의 3N/4 에서 N-1 까지의 신호는 다음구간의 0 에서 N/4-1 까지의 신호로서 다시 이용되는 것이다.

제3장 성도여과계수의 추출 83

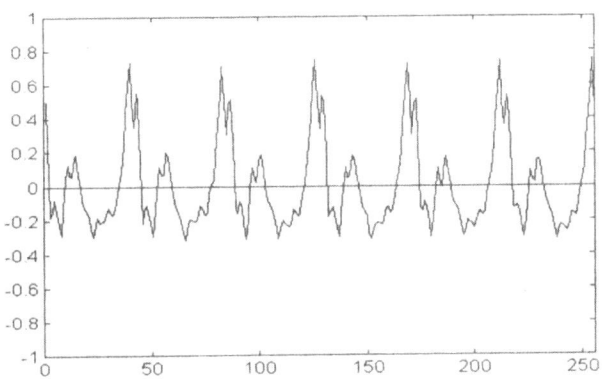

그림 3.1 원음신호

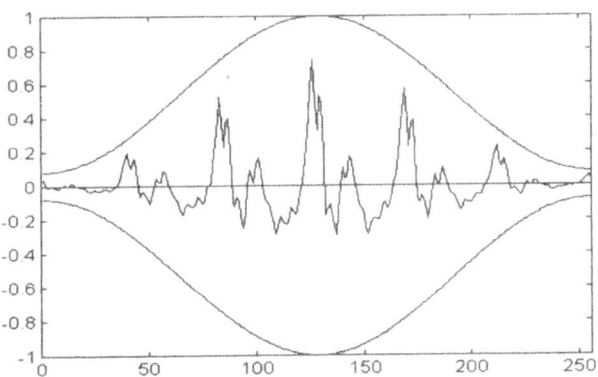

그림 3.2 해밍窓을 통하여 표본구간의 좌우를 감쇄시킨 모습. 좌우의 가장
자리의 신호가 습격히 변하는 불규칙한 잡음으로서 인식되는 것
을 막기 위한 것이다.

② 先强調(pre-emphasis)

그림3.3의 음성신호에서 중심축 가까이의 미세한 고주파 파형은 음색에 큰 영향을 주는 것이지만 저주파에 비해 그 진폭이 현저히 작아 그 정확한 파형을 분석해 내기에 어려움이 있다. 이에 따라 일단 음성의 기본주기가 추출된 이후에는 고주파 성분을 강화해서 파형에 관한 정보추출을 하는 것이 유리할 것이다. 이 과정을 미리 세부사항을 강조한다는 의미에서 선강조라고 한다.

이렇게 얻어진 정보로부터 다시 합성을 할 때는 다시 원래대로 복원시키기 위해 역강조(de-emphasis)과정을 거친다. 이들 선강조, 역강조 과정은 모두 일종의 여과기의 형태로서 적용된다.

원래의 음성정보 데이타를 $s(n)$이라 할때 이에따라 $x(n) = s(n)-P*x(n-1)$, ($P = 0.9$ 혹은 $0.875...$) 로 정의되는 $x(.)$을 $s(.)$대신 사용하면 저주파수 성분에 의한 인접 신호간의 유사성이 상당량 제거되어 고주파수 성분이 강조된 그림3.4의 신호를 얻을 수 있다. 이것은 그림3.7의 선강조여과기를 통과시킨 것으로서 그림의 각 주파수 대역의 이득(gain)값은 상대적인 것으로서 고주파로 갈수록 강조된다. 이것은 우리가 눈으로 보기에도 파형의 세부적인 성분들이 강조되어 있음을 알 수 있고 그림3.5와 그림3.6의 주파수표 비교를 통해서도 쉽게 확인할수 있다. 따라서 보다 정확한 파형분석이 가능하게 된다.

이 방법을 적용하여 얻어진 여과기계수를 이용하여 다시 음성을 합성할 때에는 $s(n)=x(n)+P*x(n-1)$ 즉 역강조(de-emphasis)를 한다. 역강조 과정 역시 그림3.8과 같은 역강조 여과기를 통과사켜 고주파 일수록 억제를 시킴으로써 본래의 신호에 가깝게 만드는 것이다. 우리는 흔히 카셋테잎 등의 설명서에서 돌비시스템으로 녹음된 것은 재생할 때에는 돌비 단추를 누르거나 그것이 없으면 고음역을 줄여 들으라고 하는 것을 볼 수 있다. 바로 선강조/역강조 방식이 돌비시스템의 원리와 같은 것이다.

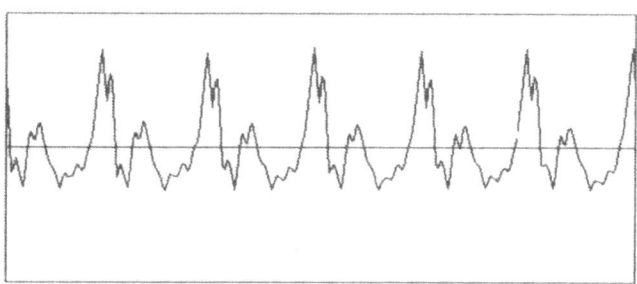

그림 3.3 先强調化의 예를 보이기 위한 원음신호

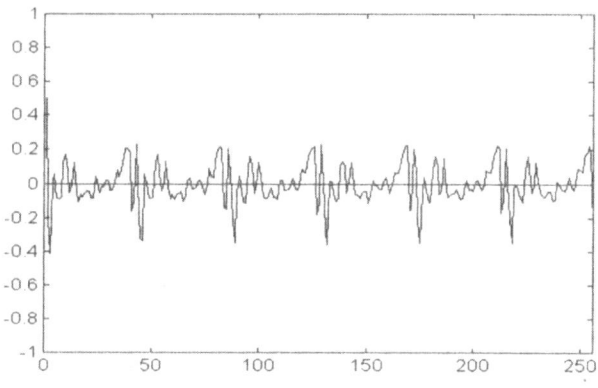

그림 3.4 先强調化 신호. 高周波 성분이 강조되어 微細波形이 확대되어있다.

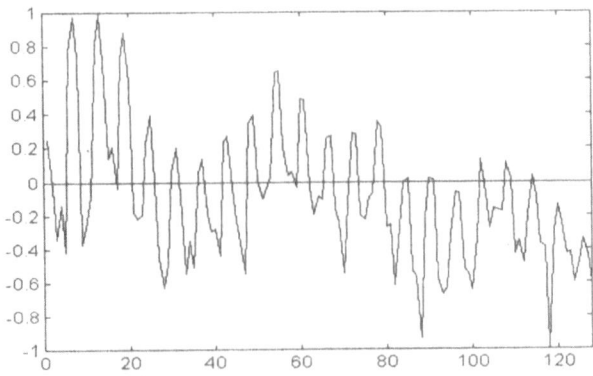

그림 3.5 원음의 주파수표

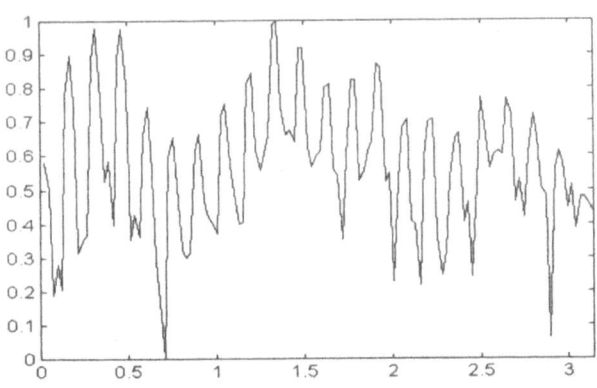

그림 3.6 先强調化된 신호의 주파수표. 고주파성분이 눈에띄게 강조되어 있음을 볼 수 있다.

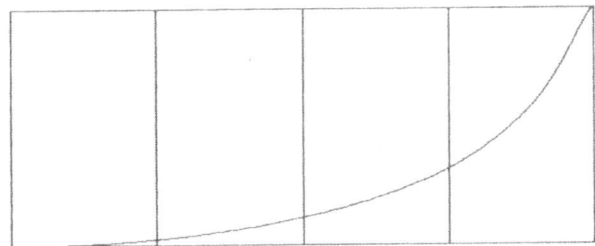

그림 3.7 현재의 단위신호로부터 바로 앞의 단위신호에 0.9가량을 곱하여 뺀 수를 현재의 단위신호값에 代置시키는 선강조화는 일종의 여과기로서 그 주파수특성은 이와같다.

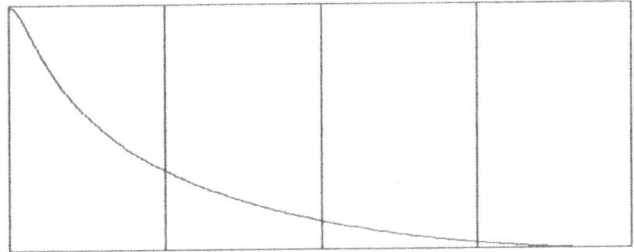

그림 3.8 逆强調는 현재의 단위신호값에다가 바로 以前의 단위신호값에 0.9가량을 곱한 값을 더하여 현재의 값 대신에 사용하는 것으로서 현재의 신호에 隣接한 신호의 성분을 더해주는 것이다. 인접한 신호의 성분이 현재의 신호에 함유된다는 말은 곧, 인접 신호끼리의 相異함을 야기(惹起)시키는 고주파성분보다는 遠거리에 걸쳐 서서히 신호가 변화하게되는 저주파성분을 강조한다는 의미가 된다.

第4章. 音聲分析

1. 음성분석의 過程

 이제까지 음성분석 즉 음성의 압축을 위해 필요한 과정인 기본주기 추출과 성도여과기계수 추출에 관하여 알아보았다. 이제 이들을 이용하여 음성분석을 행하는 과정을 알아보자.

 음성분석의 수행은 다음의 6 단계로서 이루어진다. 각 단계에서 우리가 유의할 점을 짚고 넘어가면서 녹음과 실행을 해 보자.

   1) 음성자료를 받아들임
   2) 분석구간의 설정
   3) 음성의 검출
   4) 반복주기의 추출
   5) 파형변수의 추출
   6) 산출자료의 전송 혹은 저장

2. 分析區間의 設定

 음성은 본래 그 발생인자가 시간의 흐름에 따라 계속 변화하는 성질을 가진 **非定常過程**(Non-stationary Process)일 수 밖에 없지만 이것을 완전히 인정한다면 음성분석 자체가 의미가 없고 불가능해진다. 따라서 어떤 일정단위의 구간 내에서는 동일한 발생인자에 의해서 생성되어지는 **定常過程**(Stationary Process)이라고 가정하고서 해당 발생인자를 구간마다 추출해내는 것이다. 이것은 먼저도 이미 언급된 바 있다.

분석을 위한 한 구간 내에는 음성의 주기적인 반복의 특성이 포함되어 있어야 한다. 그러므로 한 구간은 적어도 3번 이상은 반복하는 파형정보를 지니고 있을 만큼 충분한 길이가 되어야 한다.

반면에 구간의 길이가 너무 긴 경우에는 발생인자의 시간에 따른 변화현상이 명백해지므로 定常作用이라는 가정에 무리가 온다. 그러므로 피치주기의 약 3~4배 안팎의 길이로서 분석구간의 단위를 정하는 것이 적당하다.

8kHz의 표본화율의 디지탈 신호의 경우에 사람의 목소리의 기본주기는 표본수 30에서 90개 정도이다. 그러므로 한 분석구간의 표본개수는 150 에서 240 정도가 적당하다. 분석 대상을 미리 알고 있다면 여자의 음성에는 분석구간을 짧게, 남자의 음성에는 분석구간을 길게 하는 것이 유리하다. 분석구간이 길면 먼저 말했듯이 반복정보의 추출이 용이해지고 또한 압축비가 증대되나 시간의 흐름에 따른 음색의 변화를 따라가지 못할 위험이 있다. 또한 분석구간이 짧으면 시간의 흐름에 따른 음색의 변화를 따라가기에 유리한 반면 한 구간 내에 파형의 반복횟수가 너무 적으면 파형정보(성도여과기계수)를 추출하는데 무리가 따른다. 분석구간이 짧으면 한 變數集合(parameter set)으로 표시하는 개별 음성신호의 개수가 줄어들기 때문에 압축비가 줄어들지만 그만큼 파형표시를 위한 변수의 개수도 줄일 수 있다.

3. 음성검출

디지탈 신호란 것은 이진법으로 나타낼수 있는 정수의 신호값이다. 이진법이란 것은 결국 '이다' 와 '아니다' 의 두 가지중의 하나라는 정보들의 조합으로서 이루어진 것이다. 그렇다면 디지탈 신호의 처리에서 가장 우선적으로 논해야할 것이 무엇인가? 바로 처리대상의 신호가 '있다' 와 '없다'를 가려주는 일부터 시작되어야 할 것이다. 있지도 않은 신호정보를 대상으로 정보처리 수식을 '공회전'시킨다면 정보공학의 가장 기본적 철학인 최고의 효율성 추구에 정면으로 위배되는 것이다. 물론 거기 산이 있어야 산을 오르듯이 우선 처리대상 음성신호가 있다는 것 자체야 미리 전제가 되어있는 것이지만 그 대상 가운데에서도 음성이 있는 부분만을 처리대상에 포함시키고자 하는 것이다. 이것을 음성검출이라 하며 이 과정이 원활히 처리되면 음성의 압축비를 높이는 데에도 큰 기여를 하게 된다.

음성검출도 역시 분석구간 단위로 행해지는데 대상구간에서 양적 측정값들을 구하여 이들을 기준으로 음성신호의 유무를 판별한다. 이들 양적 측정값은 절대에너지와 零交叉率 이다.

한 분석구간의 절대에너지는 다음과 같이 정의된다.

$$E = \sum_{i=0}^{N} |x(i)| \qquad (4.3.1)$$

이 값이 에너지상한값 TU를 넘으면 이 구간은 음성이 있다고 간주한다. 유성음의 경우 이 값이 크기 때문에 대부분 이 과정에 의해 검출된다. 이 값이 TU 보다 작으면 에너지하한값 TL 보다 큰가 확인한다. 만약 TL보다 크면 바로 이전 구간이나 바로 이후 구간이 유음성 구간이면 유음성으로, 바로 이전 구간이나 바로 이후 구간이 무음성구간이면 무음성으로 간주한다. 물론 에너지하한값 TL 보다 작으면 무조건 무음성으로 간주한다. 적합한 TU 와 TL 의 결정은 표본신호의 산술적 처리시의 수치값에 따라 영향을 받으므로 실제 구현할때 그 환경에 맞게 설정하는 것이 바람직하다. 여기서는 8비트 데이타를 처리할 경우에 TU 는 800, TL 은 200 정도로 하였지만 가장 올바른 수치는 보다 깊은 연구와 학습을 통해 얻어진다. 그리고 분석구간의 길이와도 연관을 가지고 있으므로 엄밀히 말하자면 분석구간 길이와의 비로써 나타내는 것이 옳다.

절대에너지에 의한 음성의 판별에서 유성음은 그런데로 쉽게 찾아낼수 있으나 무성음의 경우에는 무음성과 별로 차이나지 않는 정도의 절대에너지값 밖에 가지고 있지 않다.

따라서 다른 방법으로의 검출이 필요하다. 무성음이 무음성과는 뚜렷이 구분되면서 유성음보다 오히려 큰 수치를 가지는 측정값이 있는데 이것이 영교차율이다.

$$ZCR = \sum_{i=0}^{N-1} | sgn(x(i))-sgn(x(i+1)) | *(1/2) \quad (4.3.2)$$

$$sgn(x) = 1 \ (x \geq 0)$$
$$sgn(x) = -1 \ (x<0)$$

영교차율이란 문자 그대로 음성신호파형의 위상이 중심축을 통과하는 횟수를 말한다. 무성음의 경우 진폭이 크지 않고 불규칙적인 진동이 계속 있으므로 일정한 만큼만 중심축을 통과하는 유성음보다 영교차율이 크다. 그림4.1 의 유성음의 파형과 그림4.2 의 무성음의 파형을 비교하여 보면 잘 알 수 있을 것이다.

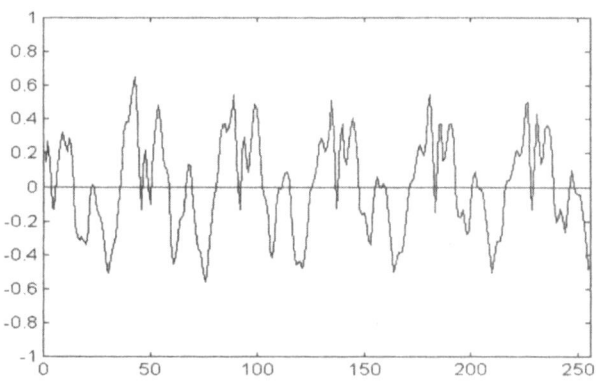

그림 4.1 유성음의 영교차율

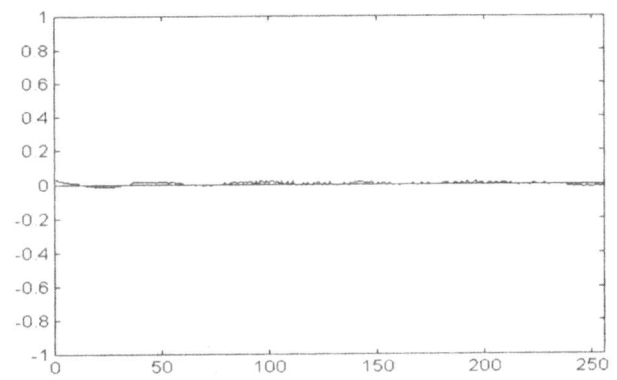

그림 4.2 무성음의 영교차율을 보이기 위한 예. 중심축에 상당히 많은 신호값이 무작위로 오가고 있으므로 영교차율이 크다.

음성검출만을 목적으로 할 때에는 앞에서 절대에너지에 의한 음성검출과정을 통해 일단 무음성으로 간주된 구간을 다시 영교차율 측정을 해서 일정한도 ZU 이상이 되면 다시 유음성으로 간주한다. 이 경우에도 ZU 보다 작은 경우에는 다시 영교차율 하한값인 ZL 과 비교하여 이보다도 작으면 완전히 무음성으로 결정하고 ZU 와 ZL 의 사이에 있을 경우에는 앞뒤의 구간의 상태에 따라 결정한다.

　이와같이 각각의 분석구간 별로 음성의 유무를 판별하여 무음성구간의 경우 음성분석수식의 적용대상에서 제외시켜 음성분석을 보다 효율적으로 할 수 있게 한다.

　음성검출의 기준으로 사용되는 절대에너지와 영교차율은 유성음과 무성음의 판별에도 이용될 수 있다. 앞서도 언급된 바와 같이 어느 한도 이상 절대 에너지가 크면 유성음이라 간주하고 그 이하는 무성음이라 간주하면 된다. 그러나 이 한 가지 만으로는 부족하기 때문에 역시 어느 한도 이상의 영교차율을 가지고 있으면 무성음으로 간주하고 그 이하는 유성음으로 간주하는 법도 겸하여 사용한다. 이 두 가지 기준을 알맞게 조합시켜 정확한 유성음과 무성음의 판별에 이용할 수 있다.

　음성분석과 합성을 실제로 수행해보면 알수있는 사실이지만 음성분석의 중요한 두가지 요소인 주기검출과 성도여과기계수추출은 이론에 따라 어느 정도 기본적인 성능을 갖추고 나면 크게 문제될 것이 없다. 그러나 구간별로의 유성음과 무성음의 판별은 그것이 제대로 되었을 때와 그렇지 않을 때 음질에 미치는 영향이 매우 크다. 음성분석과 합성시스템을 개발할때 개발단계 후반의 질향상 작업은 바로 이 유성음과 무성음의 정확한 판별에 치중하여야 할 것이다.

4. 반복주기의 검출

　앞서 세 가지의 반복주기 추출의 방법을 연구했다. 평균차함수법은 복잡한 연산이 필요없어 수행속도가 빠른 장점이 있다. 본 책에 예시된 전산문에서도 볼 수 있듯이 전체적인 연산과정의 간략함이 돋보인다. 그러나 이 방법으로는 처음 음성이 시작될때 혹은 무성음에서 유성음으로 천이될 때와 같이 아무런 사전 자료없이 기본주기를 구할때에 그 안정성이 충분하지 못하다.

　단순역여과추적법의 방법은 해당 단원에서 볼 수 있듯이 정확한 주기검출에 방해되는 많은 요소들을 극복해가는 과정이 있으므로 비교적 안정된 기본주기검출을 할수 있다. 그러나 아무래도 4분의 1의 저표본화 과정을 거쳤기 때문에 다시 복원과정을 거쳤다 하더라도 평균차함수법에 의해 정확히 검출되었을 경우보다 원음의 감각을 살리지 못하는 감도 있다.

　역주파수표에 의한 기본주기검출법은 사실상 음성신호정보의 성질을 보이기 위한 좋은 예로써 들은 것이지 계산량의 방대함 때문에 실제적인 응용을 위한 것이라고는 보기 힘들다. 단 고속푸례변환을 일거에 해결하는 고성능의 계수신호처리기(Digital Signal Processor)를 사용한다면 고려해 볼만 하다.

 계속적으로 분석작업을 해야하는 일반적 상황에의 응용에서는 단순화역여과추적법이 안정성을 어느 정도 제공할 수 있어 적합하다. 단 일반전산기의 환경에서 빠른 처리 속도를 요한다면 어느 정도의 위험을 감수하고서라도 평균차함수법을 사용할 수 밖에 없다. 그리고 문자음성출력기 등에서의 경우와 같이 음성발생인자를 저장 정보화 할 때에는 그 분석처리대상의 성질에 대해 미리 알고 있고 분석시의 오류 수정이 가능하므로 저표본화나 역여과 과정 등의 '세심한 배려'가 필요없고 평균차함수법을 그대로 사용하는 것이 그 정밀도에서도 유리하다.

5. 파형변수의 추출

 자기상관계수에 의한 방법에서는 구간의 전후부를 창씌움에 의해 감쇄시켜야 하는데 이에 따른 정보의 손실과 구간중복설정(overlap)에 따른 압축비의 감소 등의 단점이 있다. 단 연산과정이 공분산계수법보다 간단하다는 장점이 있다. 이러한 덧씌움 과정이 필요없는 공분산계수법은 대체적으로 나은 품질을 얻을 수 있으나 결과값의 안정성이 이론적으로 보장되어 있지 않다.

6. 음성분석 電算文

1) 평균차 함수법

```
/*****************************************
 *    평균차함수에 의한 음성분석기      *
 *****************************************/

#define MINP    20                      /* 최소 기본주기 */
#define TU  (unsigned int)800  /* 절대에너지 上位臨界값 */
#define TL  (unsigned int)100  /* 절대에너지 下位臨界값 */
#define NZCT    20                      /* 영교차율 상위임계값 */
#define MNZC    4                       /* 영교차율 하위임계값 */

unsigned int
aben(char y[], unsigned int n);  /* 절대에너지 산출함수 */
unsigned short
zecr(unsigned char *, int);  /* 영교차율 산출함수 */
float
atc(unsigned char naf, unsigned char nfc, float x[], float *rc);
     /* 자기상관계수 산출 사상 */
int pitch(int ist,int ind);  /* 평균차함수에 의한 기본주기 검출함수 */

unsigned char
nfc, /* 성도여과계수의 차수 */
naf, /* 표본수로 나타낸 음성분석 구간길이 */
mov; /* 인접 분석구간 끼리의 중복영역 */
char
y[300]; /* 디지탈 신호 임시저장 행렬 */
char silence = 0;  /* 무/유음성 구분 */
```

```c
void main(int argc, char **argv)
{
    long wlen; /* 사용 변수 선언 */
    unsigned int  engy;
    float alpha;
    union {
        long kh;
        char ej[4];
    } para_size;
    int jex=0,k,i,idc,kh,khip,in,out,kyunghee,kaf,iex;
    long wdb;
    unsigned char rdb,ipitch,ipbs,ipbf;
    unsigned short nzec;
    float sprev,ssave, sxx[256];
    unsigned char x[256];
    float   rc[20],rcst[20];
    char  i_rcst[20],config[7],c;
    unsigned char snaf, pars[10],youngme[6];
        /* 사용 변수 설명은 이하 본문 참조 */

    nfc = 12; /* 성도여과계수의 기본차수는 12 */
    naf = 240; /* 분석구간의 기본 표본수는 240 */
    mov = 40; /* 인접 분석구간 사이의 중복 영역은 기본 40샘플 */
    if(argc < 2) { /* 음성파일 이름을 쓰지 않았을 때 */
        printf("ANAlyze Covariance, Floating usage and options.\n");
            /* 프로그램 이름에 대해 */
        printf("anacf -[nf] voice-filename\n"); /* 도스상의 명령어 입력 */
        printf("\t-n240: for normal speech\n"); /* 분석구간 길이 설정 */
        printf("\t-m12: for normal speech\n"); /* 성도여과계수의 차수설정 */
        printf("\t-fname.par: give filename\n"); /* 계수저장파일 이름 */
        printf("\t-c: skip silent interval\n"); /* 음성의 유무검출 선행 여부 */
        return;
    }
```

```
        while(--argc > 0 && (*++argv)[0] == '-')
                /* 입력되는 명령 보조어들(arguments)의 해석 */
                while(c = *++argv[0])  /* 한 명령보조어의 첫 문자에 따른 선택실행 */
                switch (c) {
                        case 'M':
                        case 'm': /* 다음의 숫자를 성도여과 차수로 */
                                nfc = atoi(++argv[0]);
                                break;
                        case 'N':
                        case 'n': /* 다음의 숫자를 구간 길이로 */
                                naf = atoi(++argv[0]);
                                break;
                        case 'O':
                        case 'o': /* 다음의 숫자를 중복영역 길이로 */
                                mov = atoi(++argv[0]);
                                break;
                }
        if((in = open(argv[0],O_RDONLY|O_BINARY)) == -1) {
             /* 음성데이타파일의 점검 */
             fprintf(stderr, "cannot open %s\n",argv[0]);
             exit(1);
        }
#ifdef EXPER /* 진행과정 도시 */
        clrscr(); /* 화면을 비움 */
#endif
for(i=0;argv[0][i]!='.'&&argv[0][i]!=-1;i++)
        pars[i]=argv[0][i];
pars[i++]='.';
pars[i++]='p';
pars[i++]='a';
pars[i++]='r';
pars[i]='\0'; /* 음성파일 이름의 확장자를 'par'로 대치 */
#ifdef EXPER
```

```
printf("parameter file %s,\n",pars);
#endif
if((out = open(pars,O_WRONLY|O_BINARY|O_CREAT, S_IWRITE)) == -1) /* 계수화
일의 생성 */ {
    fprintf(stderr, "cannot open %s\n",pars);
    exit(1);
}
ipbs=0; /* 초기화 */
ipbf=0;
for(kh=0; kh< mov; kh++) y[kh] = 0;
for(k=0; k< nfc+2; k++) { rc[k]=0.; rcst[k]=0.; }
if(mov > naf/2) { /* 중복영역은 구간길이의 절반 이하 */
    fprintf(stderr,"Overlap %d is too large for Frame %d.\n",mov,naf);
exit(1); }
lseek(in,0X13L,SEEK_SET); /* 음성파일의 표시부 지나감 */
read(in, config, 7); /* 음성파일의 특성정보, 계수파일에 그대로 복사 */
read(in, youngme, 6); /* 현재 분석과정에서 필요한 정보 */

if(youngme[0] == 1) { /* 음성데이타임을 확인한다 */
if(youngme[5] == 0) { /* 8 빝 생자료여야만 한다. 다른 압축 방식으로 이미 가공된 것은
취급이 불가능하다 */
    wlen = (long)youngme[1]|(long)youngme[2]<<8|(long)youngme[3]<<16;
}
}
write(out,"KBPark Voice Parameter File",27) ; /* 계수기록형 표시 */
write(out,config,7); /* 음성기록의 정보를 그대로 옮김 */
kaf = naf - mov; /* 분석구간에서 중복영역을 뺀 길이 */
snaf = naf-144; /* 분석구간 길이를 한 바이트에 적기 위해 */
write(out,&snaf,1);
write(out,&mov,1);
write(out,&nfc,1); /* 분석구간,중복영역,필터차수를 기록 */
lseek(out,3L,SEEK_CUR); /* 총정보바이트수를 3바이트에 걸쳐 적기 위한 공간 확보 */
write(out,&youngme[4],1); /* 음성기록의 정보 옮김 */
```

```c
para_size.kh = 0; kyunghee=1; /* 초기화 */
wdb = wlen/kaf; /* 총 구간 개수 */
rdb = wlen%kaf; /* 구간 단위를 제하고 남은 정보바이트수 */
while(wdb >= 0) /* 구간 개수만큼 반복 */ {
    if(read(in,x,kaf) <= 0) /* 구간 단위로 자료 읽음 */ { fprintf(stderr,"File Read Error.\n"); exit(1); }
    for(i = 0; i < kaf; I++)
        y[mov+i]= x[i] - 0x80; /* 0을 중심값으로 한다 */
    engy = aben(y, naf); /* 절대 에너지 */
    nzec = zecr(x, naf); /* 영교차율 */
    if( nzec < MNZC) /* 구간의 영교차율이 하위 임계점보다 작으면 무음성처리한다 */
        iex = 0;
    else if( engy > TU )
        /* 구간의 절대에너지가 상위 임계점보다 크면 유음성 처리한다 */
        iex = 1;
    else if (jex && engy> TL)
        /* 구간의 절대에너지가 상위 임계점보다는 작지만 하위임계점보다는 클 때 먼저구
            간이 유음성일 경우에만 유음성처리한다 */
        iex = 1;
    else if (nzec > NZCT )
        /* 구간의 영교차율이 상위임계점보다 크면 유음성처리한다 */
        iex = 1;
    else /* 구간의 영교차율이 상위 임계점과 하위임계점의 사이에 있고 절대에너지가 하
위임계점보다 작으면 무음성처리한다. 절대에너지가 하위임계점보다 크더라도
                먼저구간이 유음성이 아니면 역시 무음성처리한다 */
        iex = 0;
    if(!iex) /* 무음성 구간 */ {
        write(out,&silence,1); /* 자료기록철에 0을 쓴다 */
        para_size.kh++; /* 계수정보바이트수를 1증가시킨다 */
        if(jex) /* 만약 먼저 구간이 무음성이라면 */
            for(k=0; k< nfc+2; k++)
                rc[k]=0.; /* 지금 쓰일 반사계수행렬을 초기화시킨다 */
#ifdef EXPER /* 무음성으로 판정된 구간의 절대에너지와 영교차율을 보인다 */
```

```
        gotoxy(1,5);
        cprintf("%5d : SILENCE",kyunghee);
        gotoxy(1,6);
        cprintf("Absolute Energy %5u",engy);
        gotoxy(1,7);
        cprintf("Zero Crossing %5d",nzec);
#endif
} else {
/*
        음성분석
*/
#ifdef EXPER /* 유음성으로 판정된 구간의 절대에너지와 영고차율을 보임 */
        gotoxy(1,5);
        cprintf("%5d : VOICE  ",kyunghee);
        gotoxy(1,6);
        cprintf("Absolute Energy %5u",engy);
        gotoxy(1,7);
        cprintf("Zero Crossing %5d ",nzec);
#endif
        If(engy >= TU || ipbf) /* 절대에너지가 상위임계점보다 크거나 바로 전 구간의 기본
주기가 0이 아님으로 해서 유성음일 경우 */ {
                if(ipbs&&ipbf) /* 바로전 구간과 前前 구간이 유성음일 때 */
                        ipitch=pitch(ipbf-(ipbf>>3),ipbf+(ipbf>>3));
                else /* 그 외의 경우 */
                        ipitch=pitch(MINP,naf>>1);
        }
        float w[300]; /* 해밍창을 위한 수열 */
        w[0] = 0.08; /* 해밍창 수열의 맨 끝값 */
        for(i = 1;i < naf; i++) /* 공식에 의한 해밍창 수열값의 계산 */
                w[i] = 0.54-0.46*cos(2*M_PI*i/(naf-1));
        for(i = 0; i < naf; I++) /* 구간 전체의 해밍창 적용 */
                sxx[i] = w[i]*y[i];
        sprev=sxx[0]; /* 선강조를 위한 임시 저장값 */
```

```
for(i=1; i < naf; i++) {
    ssave = sxx[i];
    sxx[i] -= 0.875*sprev;
        /* 매 신호마다 바로 앞의 값의 대부분을 반영한 값을 뺀다. 그러므로 이어진
    신호들의 값이 유사한 저주파음의 경우에는 그 값이 현저히 줄게 된다. 이에 반해 연이은 신호끼
    리의 유사성이 적은 고주파음 성분은 상
                    대적으로 그 폭이 늘어나게 된다. */
    sprev = ssave;
}
alpha = atc(naf,nfc,&sxx[-1],&rc[2]);
        /* 해밍창과 선강조를 거쳐 가공된 신호를 토대로 자기상관계수를 산출하고 다시
                그에 대응되는 값인 반사계수를 산출한다 */
if(ipbs&&ipitch) /* 현재와 前구간이 유성음일 때 */
    ipbf = (ipbs+ipitch)/2; /* 전구간을 前前과 현재것의 평균으로 대치한다 */
if(!ipitch && !ipbs) ipbf=0;
        /* 현재와 前前구간이 무성음일 때는 전구간도 무성음으로 한다 */
#ifdef EXPER /* 기본주기값을 화면에 보임 */
    gotoxy(1,8);
    cprintf("PITCH = %5d",ipbf);
#endif
    i_rcst[1]= ipbf; /* 전 기본주기의 저장 */
    rc[0]= sqrt(alpha); /* 잔차에너지의 제곱근 */
    i_rcst[0] = (int)(rcst[0]+0.5);
    for(k=2; k< nfc+2; k++)
            i_rcst[k] = 0x7f*rcst[k]+0.5;
/* 잔차에너지와 반사계수를 반올림한 정수값으로 저장 */
#ifdef EXPER /* 실수와 정수의 두가지 형태로 보임 */
    gotoxy(1,10);
    cprintf("ENERGY = %f",rcst[0]);
    for(k=2; k< nfc+2; k++) {
        gotoxy(1,10+k);
        cprintf("%f",rcst[k]);
    }
```

```
        gotoxy(41,10);
        cprintf("energy = %5d",i_rcst[0]);
        for(k=2; k< nfc+2; k++) {
            gotoxy(41,10+k);
            cprintf("%5d",i_rcst[k]);
        }
#endif
        if(i_rcst[0]) { /* 잔차에너지가 있을 경우 잔차에너지, 기본주기를 각각 한 바이트씩
두바이트에 저장하고 성도여과계수를 각각 한 바이트씩 그 차수 nfc바이트 만큼
                        기록한다 */
            write(out,i_rcst, nfc+2);
            para_size.kh += nfc+2;
        } else { /* 잔차에너지에 0이 기록되었다는 것은 해당 구간이 무음성임을 뜻한다.
                    이 때는 그냥 한 바이트만을 0로 기록한다 */
            write(out,i_rcst, 1);
            para_size.kh++;
        }
        ipbs=ipbf;
        ipbf=ipitch; /* 현 기본주기와 전 기본주기를 전 과 前前으로 順延 */
        for(i=2;i < nfc+2;i++) /* 반사계수의 순연 */
            rcst[i]= rc[i];
        rcst[0]= rc[0]; /* 잔차에너지의 순연 */
    }
    for(kh=0,khip=kaf-mov; kh < mov; kh++,khip++)
        y[kh]= x[khip] - 0x80; /* 이전구간의 신호를 중복령역만큼 재사용 */
    jex=iex; /* 전구간의 음성유무상태 */
    kyunghee++; /* 구간번호 증가 */
    if(wdb-- == 0L) /* 만약 마지막 구간이라면 */
        kaf = rdb; /* 나머지 신호를 구간길이로 한다 */
}
lseek(out,37L,SEEK_SET);
        /* 앞의 3바이트 비운 곳으로 가서 압축파일의 크기를 3바이트에 걸쳐 적는다 */
write(out,para_size.ej,3);
```

```
    printf("\nSPEECH ANALYZED.\n"); /* 음성분석 완료 */
}
```

2) 단순화역여과추적법

```
/*      *************************
            *    음성분석기    *
        *************************/
#define DC        0x80
#define REAL      double
#define WORD      unsigned short
#define BYTE      unsigned char
#define PREM      3

#ifndef NODSI
#define ENTHU     1800          /* if less, silence */
#define ENTHL     1200          /* if less, silence */
#define ZECRT     120           /* if greater, unvoiced */
#else
#define ENTHU     0
#define ENTHL     0
#define ZECRT     0
#endif


REAL EFFLAT(WORD, WORD, char *, REAL *);
REAL sqr(REAL);
REAL Direct(REAL *,REAL *,int,REAL *,REAL);
REAL atc(REAL *, REAL *, WORD, WORD);
BYTE pitch(WORD,char *);
WORD aben(char *, WORD);
WORD zecr(char *, WORD);

REAL ass[] = { 0., 0.405178, 0.594821, 0.372984, 1.39821, -0.771198 };
```

```c
int min(int x, int y) { return(x>y?y:x); }
void main(int argc,char **argv)
{
        long wlen;
        REAL alpha;
        union {
                long kh;
                char ej[4];
        } para_size;
        int k,i,kh,khip = 0,khst,khst2,in,out,kyunghee,cont = 1,fflag = 0;
        long wdb;
        WORD naben,nzecr,kaf,naf,rdb,nfc;
        BYTE ipitch,ipbf,ip,ipst,ipst2,snaf,mov,nfcp2;
        char c, sprev,ssave, sxx[400];
        BYTE x[400];
        REAL rc[20],rcst[20],rcst2[20];
        char i_rcst[20],config[7];
        BYTE pars[20],youngme[6];

        nfc = 12;
        naf = 240;
        mov = 40;
        if(argc < 2) {
            printf("ANAlyze Covariance, Floating usage and options.\n");
            printf("anacf -[nf] voice-filename\n");
            printf("\t-n240: for normal speech\n");
            printf("\t-m12: for normal speech\n");
            printf("\t-fname.par: give filename\n");
            printf("\t-c: skip silent interval\n");
            return;
        }

        while(--argc > 0 && (*++argv)[0] == '-')
```

```
            while(c = *++argv[0])
            switch (c) {
                case 'M':
                case 'm':
                    nfc = atoi(++argv[0]);
                    break;
                case 'N':
                case 'n':
                    naf = atoi(++argv[0]);
                    break;
                case 'O':
                case 'o':
                    mov = atoi(++argv[0]);
                    break;
                case 'F':
                case 'f':
                    fflag = 1;
                    strcpy(pars,++argv[0]);
                    break;
                case 'C':
                case 'c':
                    cont = 0;
            }
            nfcp2 = nfc+2;
            if((in=open(argv[0],O_RDONLY|O_BINARY)) == -1) {
                fprintf(stderr, "cannot open %s\n",argv[0]);
                exit(1);
            }
#ifdef EXPER
            clrscr();
#endif
            if(!fflag) {
                for(i=0;argv[0][i]!='.'&&argv[0][i]!= -1;i++)
```

```
                pars[i]=argv[0][i];
        pars[i++]='.';
        pars[i++]='p';
        pars[i++]='a';
        pars[i++]='r';
        pars[i]='\0';
        }
        printf("\nParameter file %s,\n",pars);
        if((out = creat(pars, S_IWRITE|S_IREAD))== -1) {
                fprintf(stderr,"Cannot open %s\n",pars);
                exit(1);
        }
        if((out = open(pars,O_WRONLY|O_BINARY, S_IWRITE)) == -1) {
                fprintf(stderr, "cannot open %s\n",pars);
                exit(1);
        }
/*
        초기화
*/
        printf("NFC %d and NSIG %d with overlap %d",nfc,naf,mov);
        for(k=0; k< nfcp2; k++)
        { rc[k]=0.; rcst[k]=0.; rcst2[k]=0.; }
        lseek(in,0X13L,SEEK_SET);
        read(in, config, 7);
        read(in, youngme, 6);
        if(youngme[0] == 1) { /* Voice Data */
        if(youngme[5] == 0) { /* 8 bit raw, unpacked */
        wlen = (long)youngme[1]|(long)youngme[2]<<8|(long)youngme[3]<<16;
#ifdef CHECK
        }
        }
        write(out,"KBPark Voice Parameter File",27) ;
        write(out,config,7);
```

```
            kaf = naf - mov;
            snaf = naf-144;
            write(out,&snaf,1);
            write(out,&mov,1);
            write(out,&nfc,1);
            lseek(out,3L,SEEK_CUR);
            write(out,&youngme[4],1);
            para_size.kh = 0;
            kyunghee=1;
            wdb = wlen/kaf;
            rdb = wlen%kaf;
            for(i = 0; i < mov; i++) sxx[i] = 0;
/*
            음성분석 시작
*/
            while(wdb >= 0) {
            if((i=read(in,x,kaf)) < 0) {
                    printf("File Read Error. %d\n",i);
                    exit(1);
            }
            for(i = 0; i < kaf; i++)
                    sxx[i+mov] = ((char)x[i] -= DC);
            naben = aben(sxx,naf);
            nzecr = zecr(sxx,naf);
#ifdef EXPER
            gotoxy(10,10);
            cprintf("ABEN : %5d",naben);
            gotoxy(25,10);
            cprintf("ZECR : %5d",nzecr);
#endif
            if(naben < ENTHL && nzecr < ZECRT)
                    khip = 0;
            else
```

```
                khip = 1;
        if(cont) khip = 1;
        if(naben > ENTHU) {
                ip=1;
        } else if(naben > ENTHL && nzecr < ZECRT) {
                ip=1;
        } else ip = 0;
        if(ipst2) {
                ipitch=pitch(naf,&sxx[-1]); /* 주기의 검출 */
                if(ipbf==0 && ipst==0)
                        /* 前과 前前의 주기가 0이면 현재의 주기도 0 */
                        ipitch = 0;
        } else
                ipitch = 0;
        ipst2=ipst;
        ipst=ip;
        ipbf=ipitch;
        sprev=sxx[0];
        for(i=1; i < naf; i++) {
                ssave = sxx[i];
                sxx[i] -= sprev - (sprev >> PREM);
                sprev = ssave;
        }
        alpha = atc(&sxx[-1],a,&rc[1],naf,nfc); /* 음성신호로부터 반사계수 추출 */
        rc[0]= sqrt(alpha);
#ifdef EXPER
        gotoxy(10,8);
        printf("%-5d : VOICE",kyunghee);
        gotoxy(10,12);
        printf("PITCH = %5d",ipitch);
        gotoxy(30,12);
        printf("ENERGY = %5.1f",rcst[0]);
#endif
```

```
            if(abs(rcst2[0])>255.0)
                    i_rcst[0] = 255;
            else
                    i_rcst[0] = (unsigned int)(rcst2[0]);
            i_rcst[1]= ipitch;
            for(k=2; k< nfcp2; k++)
                    i_rcst[k] = 127.9*rcst2[k];
            if(i_rcst[0]) {
                    write(out,i_rcst, nfcp2);
                    para_size.kh += nfcp2;
            } else {
                    write(out,i_rcst, 1);
                    para_size.kh++;
            }
#ifdef EXPER
            for(k=2; k< nfcp2; k++)  {
                    gotoxy(10,12+k);
                    printf("%9.6f  %5d",rcst2[k],i_rcst[k]);
            }
#endif
            for(i=0;i < nfcp2;i++) {
                    rcst2[i]= rcst[i];
                    if(!khst2&&!khst&&!khip)
                        rcst[0]=0.;
                    else
                        rcst[i]= rc[i];
            }
            for(i = 0,k=kaf-mov; i < mov; i++,k++)
                    sxx[i]=x[k];
            kyunghee++;
            if(wdb-- == 0L)
            kaf = rdb;
            khst2=khst;
```

```
        khst=khip;
        }

    lseek(out,37L,SEEK_SET);
    write(out,para_size.ej,3);

    printf("\nSPEECH ANALYZED.\n");
}
```

第5章. 음성합성

1. 음성합성의 원리

앞에서 누차 거론되었던 음성의 합성에 대해 이제 본격적으로 논의해 보자. 음성의 합성이란 음성분석 과정을 통해 압축되어 저장되었던, 음성을 구성하는 요소 변수들을 다시 조합하여 원래의 음성과 똑같은 음색을 갖는 소리를 재생시키는 것이다.

音聲합성의 원리를 糾明해 보기 위하여 우선 유성음의 경우를 보기로 하자.

가령 離散 標本化된 信號列에서 주기가 42개의 標本數로 이루어진 유성음 파형을 한 예로 든다면, 정해진 분석구간이 256개의 표본으로 이루어져 있다고 할 때 256/42, 즉 약 6번의 동일파형을 반복해서 재생해야 한다는 말이 된다. 이 때 여섯 번 반복하는 파형의 형태를 결정지어주는 것이 바로 선형예측계수이다.

만약 이 선형예측계수의 성분을 원음으로부터 제거시킨다면 여섯 번에 걸친 주기적인 搏動의 신호와 유사한 신호를 얻는다. 이 신호는 선형예측계수의 정보만으로 音聲을 再 合成한다고 가정할 경우 생기게 되는, 각 표본 이산신호의 원음신호에 대한 오차이다.

즉

音聲신호 = 주기성분 + 선형예측계수성분 + 오차

의 式에서

音聲신호 - 선형예측계수성분 = 주기성분 + 오차

가 유도되므로 이 신호는 주기성분과 오차를 합한 것임을 알 수 있다.

이것을 다시 주파수영역에서 보면 단순화주파수표 즉 본래의 音聲 신호의 주파수표에서 그 부분적 극대값들의 위치를 서로 완만히 이은 것이라 할 수 있는 것을 제거시키면 서로간에 높이의 차가 거의 없이 군데군데 꼭지점을 가지는 주파수표를 얻는다.

즉 완전한 音聲신호 주파수표는 선형예측계수 성분과 豫測誤差 성분이 합하여 이루어진 것이라고 볼 수 있는 것이다.

이것이 音聲의 분석과 합성을 가능하게 하는 원리이다. 예측오차 신호가 가지는 주된 성분은 주기와 진폭으로서 그 이외의 성분은 거의 무시될 수 있는 작은 오차일 뿐이다. 따라서 이 파형은 주기와 잔차에너지의 두개의 값으로 그 형태가 이루어진다고 가정할 수 있다.

音聲의 분석과 합성은 곧 N개의 데이타로 이루어진 원음을 p (p<<N)개의 데이타로 이루어진 선형예측계수 성분과 나머지 성분인 즉 주기와 잔차에너지 성분으로 나눈 다음에 音聲정보를 선형예측계수 p개와 주기, 잔차에너지의 2개의 값으로 나타냄으로써 모두 p+2 개의 분석 데이타로부터 나타낸다. 그리고 이로부터 다시 N개의 데이타로 이루어진 音聲신호를 재생시키는 것이다.

본래의 音聲으로부터 주기와 잔차에너지의 성분만을 추출하여 이들만에 의해서 발생된 신호가 週期的拍動(periodic impulse) 신호이다. 이 신호를 본래 음성으로부터 선형예측계수를 제거한 신호와 대치시킨다. 그리고 이 신호를 선형예측계수에 의한 여과기를 거치게 하여서 무성음의 경우를 생각해 보자.

무성음의 경우에는 역시 원음을 선형예측계수 성분과 예측오차 성분으로 나눈뒤 난수신호를 대신 여과기를 거치게 하여 합성음을 얻는 것이다.

그런데 음성분석을 통해 '압축'이 되었다면 분명 원래의 음성신호에서 뭔가 잃은 것이 있었을 것이다. 그중 중요한 것이 음성을 이루는 각 주파수대역 성분의 위상차이다. 이것은 우리가 귀로 들어서 의미를 인식하는 데에는 아무런 영향을 주지 않기 때문에, 압축과정에서 제거되고는 다시 복원되지 않는다 하더라도 음성의 청각 정보에는 손실이 없는 것이다.

　음성합성의 방법을 유성음의 경우와 무성음의 경우 각각에 대해 설명하여 보자.

　유성음의 경우를 보면 그림5.1은 주기가 42개 표본인 유성음의 한 예이다. 그림에 나타난 정해진 분석구간의 음성표본으로부터 선형예측계수를 구해보자. 선형예측계수 각각은 그 차수 만큼 떨어져 있는 두 개의 표본 신호사이의 유사도라고 볼 수 있다. 가령 선형예측계수 a(3) = 1.0 이라면 이 신호는 서로 3만큼 떨어져 있는 신호끼리는 비슷해지려는 경향이 있다는 말이다. a(4) = -1.0 이라면 서로 4 만큼 떨어져 있는 신호끼리는 서로 반대방향의 위상을 가지려는 경향이 있다는 것이다. a(5) = 0 이라면 서로 5 만큼 떨어져 있는 두 신호는 서로 무관하게 위상을 가지려 한다는 것이다. 그림5.2는 그림5.1의 표본으로부터 구해진 선형예측계수의 수치값의 성질을 나타낸다.

　여기서 그림5.2의 선형예측계수의 성분을 그림5.1의 원음으로부터 제거시키면 그림5.3을 얻는다. 이 신호는 만약 선형예측계수의 정보만으로 음성을 재합성한다고 가정했을 경우에 생기게 되는 각 표본단위 디지탈신호의 원음신호에 대한 오차이다. 즉 원음으로부터 선형예측계수만으로 이루어진 성분을 뺀 것이므로 주기의 성분과 잔차에너지의 성분만으로 이루어진 것이다. 이러한 것을 먼저 단순역여과추적법에 의한 주기검출의 단원에서도 보았지만 거기서는 단지 주기검출을 위하여 저표본화신호를 처리했던 것이지만 여기서는 합성의 개념을 보이기 위하여 원음의 표본화율 그대로의 상태에서 분리해보인 것이다.

　이것을 다시 주파수영역에서 보면 그림5.4에서 주파수표의 대략적인 윤곽(단순화주파수표,그림5.5)을 나타내는 성분을 제거시키면 그림5.6을 얻는다. 즉 각 주파수대의 봉우리의 높이를 조절해주는 성분이 없어지니 봉우리들이 모두 상한에 가까운 높이를 가지고 있다. 다시 말하면 그림5.4의 음성신호 주파수표는 그림5.5의 선형예측계수 성분과 그림5.6의 예측오차(residual) 성분으로 나누어지는 것이다.

이것이 바로 음성분석을 가능하게 해주는 원리이다. 그림5.3의 신호가 가지는 주된성분은 주기와 진폭으로서 그 이외의 성분은 거의 무시될 수 있는 오차성분일 뿐이다. 따라서 그림5.3의 파형은 주기와 잔차에너지의 두개의 값으로 대신 나타내질수 있다.

음성의 분석과 합성은 N개의 데이타로 이루어진 그림5.1의 원음을 p (p<<N)개의 데이타로 이루어진 그림5.2의 성분과 나머지 성분인 그림5.3으로 나눈 다음에, 그림5.3의 정보를 주기와 잔차에너지의 2개의 값으로 나타냄으로써 모두 p+2개의 분석 데이타로부터 다시 N개의 데이타로 이루어진 음성신호를 재생시키는 것이다.

그림5.3의 신호에서 주기와 잔차에너지의 성분만을 추출하여 이 두 매개변수에 의해서만 발생된 신호가 그림5.7(정기박동:periodic impulse)이다. 이 신호를 그림5.3의 신호대신 그림5.2의 필터에 통과시켜 그림5.8의 합성음을 얻는다.

이 과정을 다시 주파수영역에서 보면 그림5.9의 신호 즉 그림5.7의 주파수표를, 그림5.5 즉 그림5.2의 주파수표의 성질을 갖는 여과기에 통과시켜, 그림5.10의 합성음을 얻는 것이다.

여기서 무성음의 경우를 생각해 보자. 그림5.11은 무성음의 한 예이다. 여기서 선형예측계수를 추출하여 나타낸 것이 그림5.12이고 이에따른 예측오차가 그림5.13 이다.

무성음의 경우 예측오차 신호는 난수신호 즉 잡음(noise)에 가깝다. 따라서 무성음의 경우에는 그림5.13의 신호를 난수발생기로부터 생성된 신호인 그림5.14의 신호로써 대치해도 무방하다. 이리하여 그림5.14의 신호를 그림5.12의 여과기에 통과시켜 그림5.15의 합성음을 얻는다.

제5장 음성합성 *117*

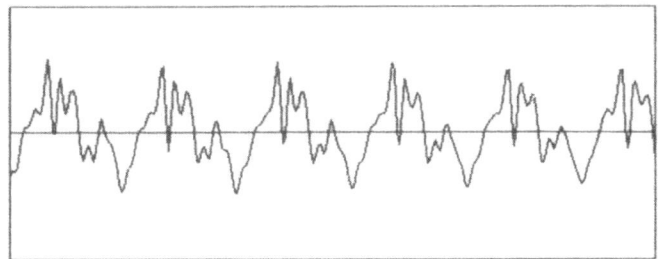

그림 5.1 유성음의 예

그림 5.2 유성음의 성도여과기계수

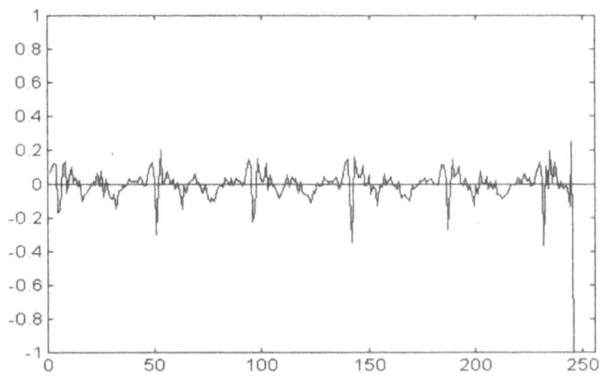

그림 5.3 유성음의 잔차성분

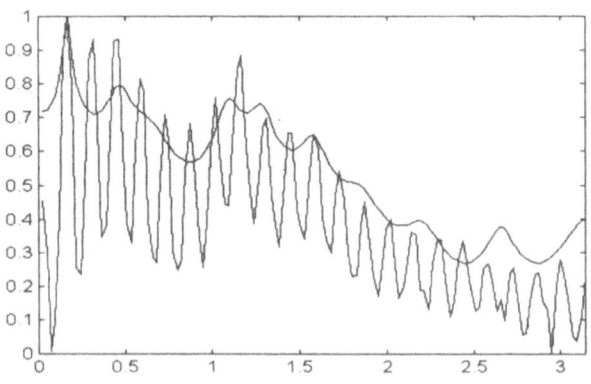

그림 5.4 유성음의 주파수표와 그 개략적 윤곽의 추출

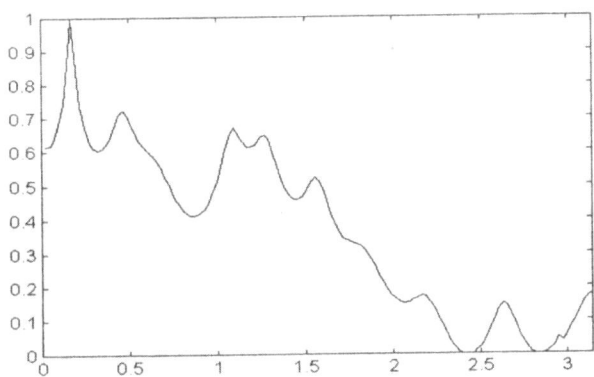

그림 5.5 유성음의 단순화주파수표. 이것은 음성의 파형을 만드는 성분에 해당된다.

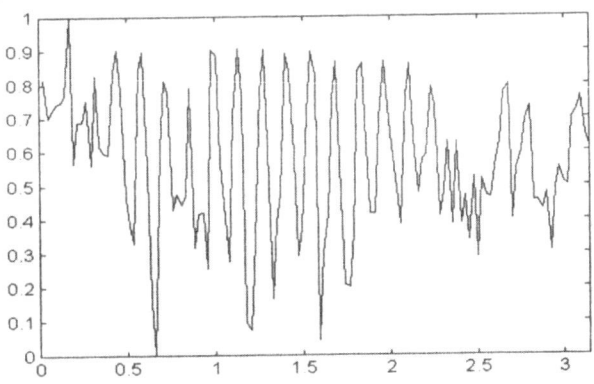

그림 5.6 유성음의 잔차주파수표. 주기적 반복성분을 나타낸다.

120 음성의 분석 및 합성과 그 응용

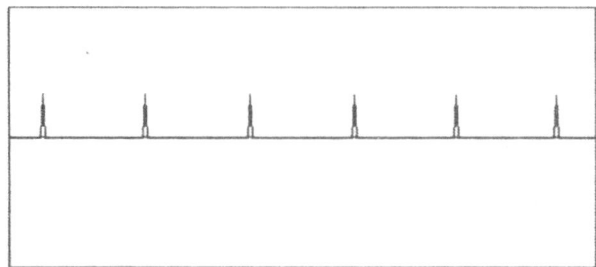

그림 5.7 유성음의 잔차신호에 해당되는, 인위적으로 발생시킨 주기적 박동신호

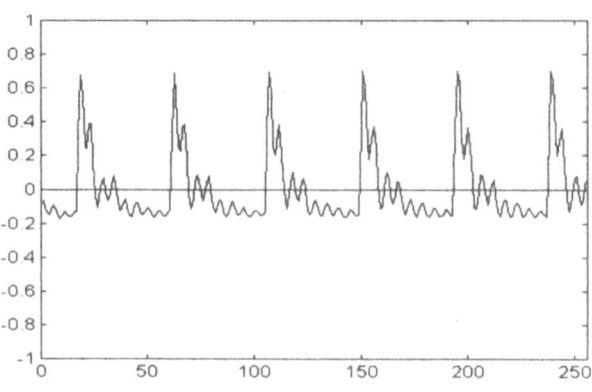

그림 5.8 합성된 유성음. 파형을 보아도 원음보다 '人工的'인 냄새가 풍긴다.

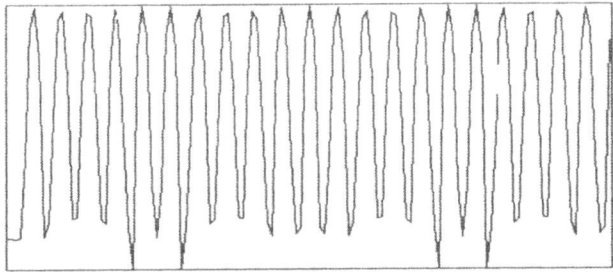

그림 5.9 인위적으로 발생된 주기적 박동신호의 주파수표. 일사불란한 규칙성이 보인다.

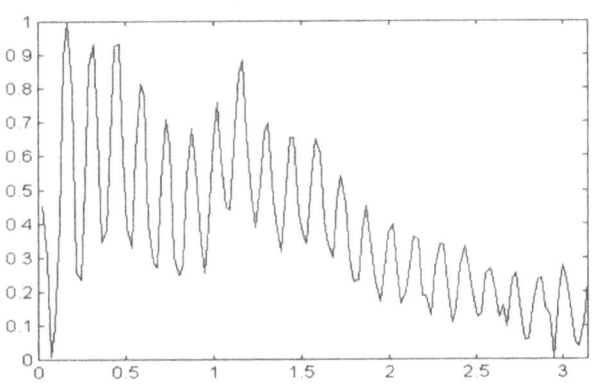

그림 5.10 합성된 유성음의 주파수표. 원음보다 간결한 맛은 있으나 왠지 調和美가 떨어진다.

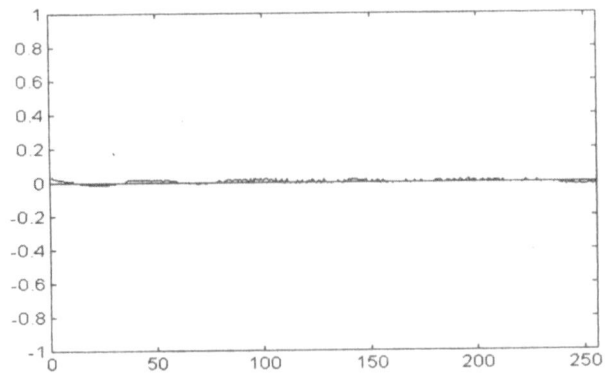

그림 5.11 무성음의 예

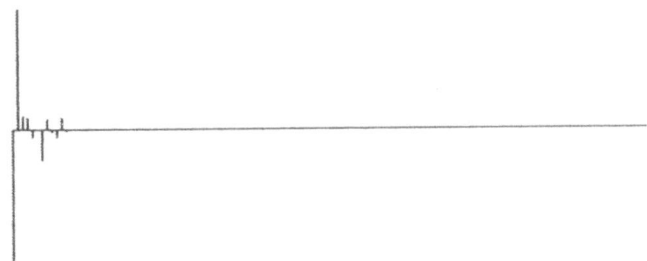

그림 5.12 무성음의 성도여과기계수

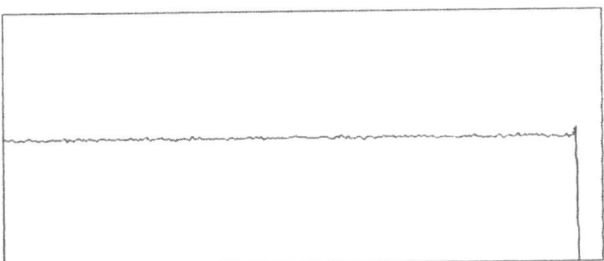

그림 5.13 무성음의 잔차신호

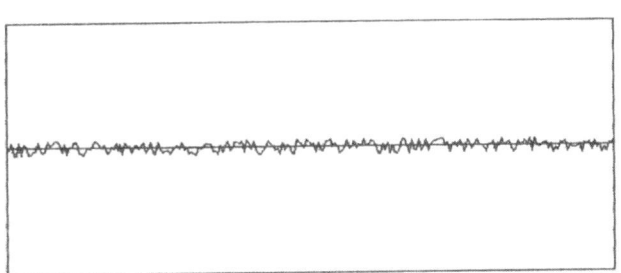

그림 5.14 단순히 산술적 방법을 이용해 발생된 亂數가 무성음의 잔차신호를 代替할수 있다.

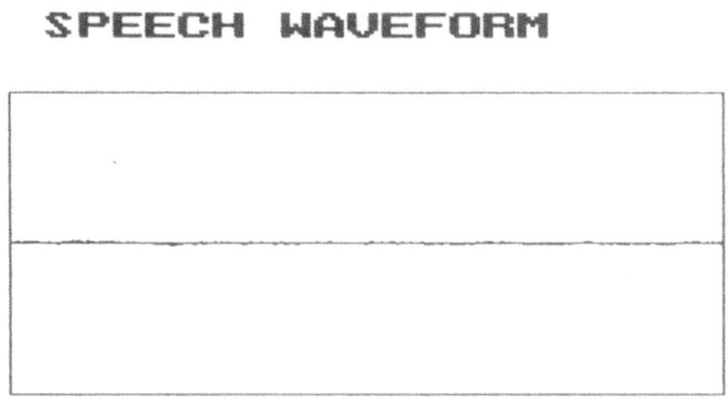

SPEECH WAVEFORM

그림 5.15 합성된 무성음

SPECTRUM

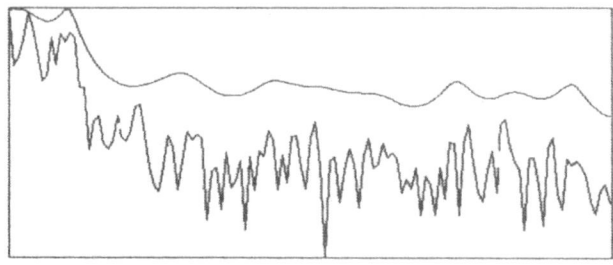

그림 5.16 무성음의 주파수표와 그 槪略의 추출

다시 무성음의 합성과정을 주파수 영역에서 살펴보자. 그림5.16의 원음을 그림5.17의 선형예측계수 성분과 그림5.18의 예측오차 성분으로 나눈다. 그리고 그림5.19의 난수신호를 그림5.18의 신호대신 그림

5.17의 여과기를 거치게 하여 그림 5.20와 같은 합성음을 얻는다.

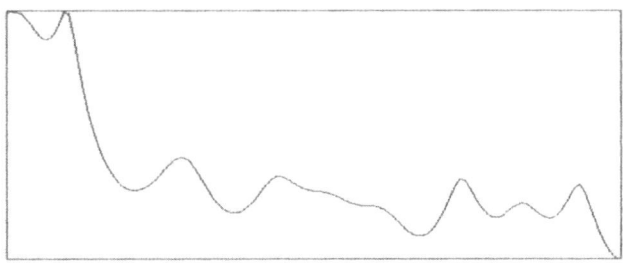

그림 5.17 무성음의 단순화주파수표

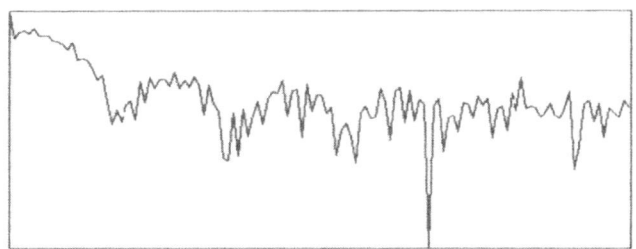

그림 5.18 무성음의 잔차의 주파수표

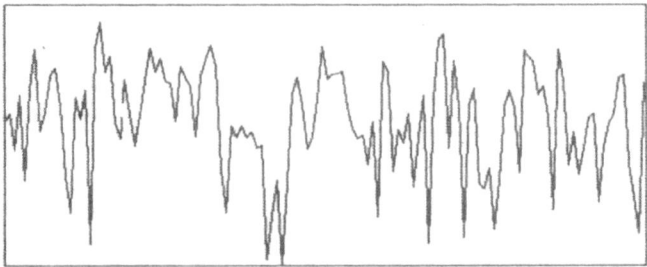

그림 5.19 발생된 난수를 토대로 주파수분석을 한 것

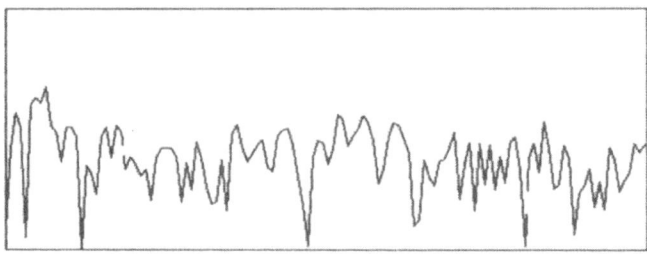

그림 5.20 합성된 무성음의 주파수표

2. 音聲合成 過程

앞에서 음성합성의 전 과정을 구현해 보자. 음성합성 과정은 다음의 8 단계를 거쳐 이루어진다.

(1) 初期値 設定
(2) 음성분석의 결과 引受
(3) 변수의 補間
(4) 殘差신호의 발생
    유성음 - 주기적 박동
    무성음 - 난수
(5) 반사계수에 의한 음성합성
(6) 성량 조절
(7) 합성된 음성정보의 발생 혹은 저장

1) 초기치 설정

음성합성에서 쓰이는 변수값들을 영 혹은 특정값으로 미리 지정하여 수행도중의 오류를 예방한다. 여늬 다른 電算文에서도 볼 수 있는 기본적 단계이다.

2) 음성분석 결과 引受

음성분석 과정을 통해 만들어진 데이타 화일의 앞 부분은 사운드 블라스터의 음성화일 文型에 분석구간길이,중복구간길이,선형예측계수의 次數 등의 정보가 포함되어 있고 본문에는 구간별로 에너지,주기,선형예측계수가 기록되어 있다.

음성분석변수 저장화일 형식은 다음과 같다.

```
              00 01 02 03 04 05 06 07 08 09 0A 0B 0C 0D 0E 0F    nth character
00100    4B 42 50 61 72 6B 20 56-6F 69 63 65 20 50 61 72    KBPark Voice Par
00110    61 6D 65 74 65 72 20 46-69 6C 65 00 1A 00 0A 01    ameter File.....
00120    29 11 60 28 0C 41 3D 00-A6 00 00 00 00 00 00 00    ).'(.A=........
00130    00 00 00 00 00 00 00 00-00 00 00 00 00 00 00 05    ................
00140    00 BB E2 CC DB EF FA 1A-10 EE 00 10 0F 09 00 B6    ................
00150    C8 CC E8 FB FF 02 08 01-FA 11 06 08 00 B5 BA D5    ................
00160    D9 F9 FA FB 07 03 03 08-15 08 00 BE C6 D5 E5 F7    ................
00170    ED 06 04 0B 04 13 01 0A-00 E0 EF D6 E5 E2 F0 F3    ................
```

표 5.1 음성분석변수화일형식

위에서 0번째 字로부터 0X11A번째 字 까지는 단순히 화일형식을 나타낸 부분이다. 그다음 0X11B 로부터 0X121 가지는 사운드블라스터 호환 음성화일(.WAV)의 형식을 빌었다. 그리고 그 다음 0X122는 분석구간길이에다 144를 뺀 수이고 0X123 은 중복구간길이를 표시한다. 그리고 그다음 0x124 는 성도여과기계수의 **個數**를 뜻한다.

다음의 0X125 로부터 0X127 까지의 세 字(byte)는 화일의 길이로서 앞의 것이 낮은 두 16진법 자리수를 차지한다. 0X128 은 음성화일의 표본화율로서 실제로는 큰 수인 표본화율을 한 字에 표시하기 위해 다음의 관계식을 사용하여 저장한다.

$$0X128 \text{ 에서의 저장값} = 256 - 1000000/(\text{표본화율(Hz)}) \qquad (5.2.1)$$
$$166 = 256 - 100000/X$$

이 다음부터 음성분석계수의 저장이 분석구간별로 시작된다. 맨 처음 잔차에너지 값이 나오고 그다음은 기본주기 값이다. 그리고 먼저 정의된 **個數** 만큼의 성도여과기계수가 한 字씩 나오게 된다. 성도여과기계수의 즉 *次數*가 *個數*가 p 라고 할 때 한 분석구간의 음성분석변수의 수는 p+2 개가 되는 것이다. 구간이 *無音聲*인 경우에는 맨 처음의 잔차에너지 값을 0 으로 한다. 그러면 음성합성 수식처리과정은 곧바로 다음 구간으로 넘어간다.

3) 변수의 補間

현재 처리되고 있는 좌우의 합성구간이 모두 유성음일 때 다음과 같은 변수보간이 시행된다.

음성분석변수는 *定常過程*이라고 가정된 분석구간 별로 구해져서, 구간의 바뀜에 따라 한 번에 일괄적으로 바뀌는 식으로 되어 있다. 그러나 실제의 음성발생인자는 사실상 매 음성신호 샘플마다 서서히 변화하는 것이다. 이에 따라 음성의 *合成時*에는 각 샘플에 해당하는 신호를 만들어낼 때마다 그를 위한 발생인자 변수를 좌우 구간의 변수값을 토대로 하여 보간에 의해 제공할 필요가 있다.

합성시에 좌구간의 변수값을 합성구간의 첫번째 신호에 해당하는 것이라 정하고 우구간의 변수값을 합성구간의 마지막 신호에 해당된다고 하면

$$\frac{p(i)-p(0)}{p(N)-p(0)} = \frac{i-1}{N-1} \quad 1<=i<=N \qquad (5.2.2)$$

$$p(i) = \frac{1}{N-1}(p(N)-p(0))+p(0) \quad 1<=i<=N \qquad (5.2.3)$$

의 식을 얻는다.

즉 현구간에서 합성될 음성정보 s(i) 각각에 대해 p(0)와 p(N)로 부터 p(i) 의 합성 변수를 산출하여 사용한다.

그런데 p(0) 은 좌구간 전체를 분석하여 얻은 것이므로 실제로는 좌구간의 중간의 위치에 해당하는 것이라고 할 수 있다. 마찬가지로 p(N) 은 우구간의 중간에 해당한다. 그러므로 합성음은 합성구간 길이의 절반 만큼씩 원음보다 미루어진다. 여기에다 역여과추적법을 이용한 음성분석시에는 기본주기 추출 수식에서 두 구간 연기하는 법을 썼으므로 결과적으로는 약 2.5구간의 延期가 발생한다.

한편 좌우 兩구간이 모두 유성음이 아니고 어느 하나 이상이 무성음인 경우, 좌구간이 유성음일 때는 p(i) 는 좌구간 기본주기 p(0) 로서 代置된다. 그리고 좌구간이 무성음일 때는 p(i) 는 N-i 로 대치된다. 이것은 週期同期式(Pitch Synchronous)의 합성방식에서 주기는 한 합성단위가 되는데 무성음의 경우는 주기값이 영으로 정의되어 있으므로 그에 代身하는 합성의 단위를 구간에 맞춰 조정시키는 것이다.

4) 殘差신호의 발생

聲道필터에 의한 濾過 以前의 단계인 音聲驅動의 過程으로서 유성음의 경우는

$$DRV(i) = 1 \quad i=1$$

$$DRV(i) = \frac{-1}{P-1} \quad 2<=i<=P \quad P:週期(pitch) \qquad (5.2.4)$$

$$i:\text{pitch count}, \sum_{i=1}^{P} DRV(i) = 0$$

인 주기적 박동을 발생시키며 무성음의 경우는

$$DRV(n)=0.2*(RANF(n)-0.5) \quad 0<=RANF(n)<=1 \quad (5.2.5)$$
$$1<=n<=N$$

즉

$$-0.1<=DRV(n)<=0.1$$

의 난수를 발생시킨다.

5) 반사계수에 의한 음성합성

이 과정은 每 합성신호마다 함수 TWOMUL을 부름으로써 실행된다.

입력으로서는 DRV값과 여과기차수 M, 반사계수 RC(M), 그리고 연기신호를 나타내는 RCBUF(M+1)등이 있다.

RCBUF는 구간의 초기에 0로 초기화되어 있다.

$$s(n) = DRV - \sum_{k=1}^{M} RC(k)RCBUF(k) \quad (5.2.6)$$

에 의해 한 신호를 합성하고 난후

$$RCBUF(M+1)=RCBUF(M)+RC(M)(DRV-RC(M)RCBUF(M))$$

$$RCBUF(M)=RCBUF(M-1)+RC(M-1)(DRV-\sum_{k=M-1}^{M} RC(k)RCBUF(k))$$

......

$$RCBUF(3)=RCBUF(2)+RC(2)(DRV-\sum_{k=2}^{M} RC(k)RCBUF(k))$$

$$RCBUF(2)=RCBUF(1)+RC(1)(DRV-\sum_{k=1}^{M} RC(k)RCBUF(k))$$

$$RCBUF(1)=DRV-\sum_{k=1}^{M} RC(k)RCBUF(k))$$

로써 연속으로 다음 신호의 합성을 한다.

6) 聲量의 조절

앞의 과정에 의해 합성음의 高低와 音色이 定해졌다. 이제 남은 것은 성량인데 이것은 합성된 단위 음성신호값에 利得(gain)값을 곱함으로써 定해진다.

利得은 每 분석구간 마다 다음의 식에 의해서 산출된다.

$$N\ e2(n) = \frac{g^2(n)\ \sigma^2}{\sigma_g^2} \qquad (5.2.7)$$

$$e(n) = \frac{g(n)\sigma}{\sqrt{N}\sigma_g}$$

N : σ^2算出時의 구간길이

σ^2: 殘差自乘合(Square Residual)

　　　　　e(n): 성량과 피치주기의 성분을 함유한 잔차신호
즉 驅動函數(Driver Fuction)

　　　　　g(n): 성량이 조절되지 않은 상태의 搏動配列 혹은 난수

　　　　　σ_g^2: g(n)의 분산

우선 무성음의 경우에는

$$\sigma_g^2 = \int_{-\infty}^{\infty} (x-\mu)^2 f(x)dx$$

$$= \int_{-\infty}^{\infty} x^2 5\ I_{(-0.1, 0.1)} dx$$

$$= \int_{-0.1}^{0.1} 5\ x^2 dx$$

$$= \frac{1}{300}$$

$$\sigma_g = \frac{1}{10\sqrt{3}}$$

$$e(n) = g(n)\sigma \frac{1}{\sqrt{N}} 10\sqrt{3}$$

로써 구해진다.
이와같이 해서

　　　YOUT = TWOMUL(DRV)*SIGMA*SQRT(3/N)*10

이 電算文 式이 성립된다.

유성음의 경우에는

$$\sigma_g^2 = \sum_{n=1}^{P} (g(n) - \mu_g)^2 f(n) \quad \text{P:週期(pitch)} \quad (5.2.8)$$

$$g(n) = 1 \qquad\qquad n = 1$$

$$= -\frac{1}{P-1} \qquad\qquad 2 <= n <= P$$

$$f(n) = \frac{1}{P} \qquad\qquad 1 <= n <= P$$

$$\mu_g = \sum_{n=1}^{P} g(n) f(n)$$

$$= 1 \frac{1}{P} - \frac{1}{P-1} \frac{1}{P} (P-1)$$

$$\sigma_g^2 = \frac{1}{P} + \left(\frac{1}{P-1}\right)^2 \frac{1}{P}(P-1)$$

$$= \frac{1}{P-1}$$

$$e(n) = g(n) \frac{\sigma}{\sqrt{N}} \sqrt{P-1}$$

$$\cong g(n) \frac{\sigma}{\sqrt{N}} \sqrt{P}$$

로부터

$$YOUT = TWOMUL(DRV)*SIGMA*SQRT(IPITCH/N)$$

이 얻어진다.

7) 합성된 음성정보의 발생 혹은 저장

음성의 분석과정에서 선강조 과정을 거쳤으면 다음과 같은 역강조 과정을 거친다.

$$s(n) = YOUT+P*s(n-1) \qquad i<=n<=N$$
P: Pre - Emphasis Constant

n이 증가하여 구간의 길이 N에 달하였을때마다 지정된 기억장소에 합성된 음성데이타를 저장하거나 音f乍(sound card)를 통해 내보낸다.

8) 음성합성 電算文

```
#define HEADLEN 27L
#define UNIT 128
#define GMAX 127
#define SMAX 400
#define HALF 0x40
#define PREM 0.875
#define HDRV 1.0 /* 搏動의 幅 */
#define LDRV -1./(pich-1) /* 박동신호의 폭이 1이라고 할 때 한 週期 안에는 박동신호
         하나마다 그에 해당되는 平常신호가 週期(pich)-1 개 있다. 그러므로 한 주기 안에서의
         균형을 위해 모든 신호들의 위상의 합이 0이 되게 하려면 나머지 평상신호들은 모두 그 크기를
```

1/(주기-1)로 해야 한다 */
{
    float   drv[SMAX];
    char iy[256],rci[20];
    float rcr[20],rcbuf[20],rc[20],rcl[20];
    char outf[10],youngme[10];

/*
        初期化
*/
    while (plcnt < plength) {
        if(ipc >= pich) {
        ipc=0;
        if(ifc >= kaf) {
        ifc -= kaf;
    for(i=0;i <nfltp2;i++)
        rcl[i]= rcr[i]; /* 변수값을 以前값으로 저장 */
    pichl=pichr; /* 주기값을 이전값으로 저장 */
    gainl=gainr; /* 이득값을 이전값으로 저장 */
    ivlst=ivl; /* 前의 유성음/무성음 판별을 前前으로 */
    ivl= ivr; /* 유성음/무성음 판별을 이전값으로 저장 */

    if(ivlst && !ivl)
        for(i=0;i < nfltp2;i++)
            rcbuf[i]=0.;
    if(read(in,rci, nfltp2) <= 0) {
            printf("Parameter Data error.\n");
            exit(0);
    }
    if(rci[0]) {
            spex = 1;
            plcnt += nfltp2;
        } else {

```
                lseek(in,-(long)nflt-1L,SEEK_CUR);
                spex = 0;
                plcnt++;
        }
    for(i= 2;i <nfltp2;i++)
        rcr[i]= rci[i]/127.9;
    sigma= (float)((unsigned char)rci[0]);
    pichr= (unsigned char)rci[1];
    if(pichr > 0) { /* 유성음 */
        gainr= sigma/sqrt((float)naf);
        ivr = 1;
    } else {         /* 무성음 */
        gainr= sigma*sqrt(3./naf)*10.;
        ivr = 0;
    }
    }
        if(spex) {
        if(ivr&&ivl) {
            pich = (pichr*ifc+pichl*(kaf-ifc))/kaf;
                drv[0]= HDRV;
                for(i=1;i<SMAX;i++)
                    drv[i]= LDRV;
            for(i=2;i<nfltp2;i++)
                rc[i] = (rcr[i]*ifc+rcl[i]*(kaf-ifc))/kaf;
            gain = (gainr*ifc+gainl*(kaf-ifc))/kaf;
        } else {
                if(ivl)
                    pich = pichl;
                else
                    pich=kaf-ifc+1;
            drv[0]= 0.;
            for(i=1;i<SMAX;i++)
                drv[i]= 0.;
```

```
            for(i=2;i<nfltp2;i++)
                rc[i] = rcl[i];
            gain = gainl;
        }
        if(ivl)
            gain *= sqrt((float)pich);
    } else {
        for(i=0;i<nfltp2;i++) {
            rc[i]=0.;
            rcr[i]=0.;
            rcl[i]=0.;
            rcbuf[i]=0.;
        }
            gain=0;
            gainr=0;
            yrev=0;
            ivr=0;
            ivl=1;
            gainl=0;
        }
    }
if(spex) {
if(!ivl) {
drv[ipc] = ((float)((rand()&0xff)-UNIT)/UNIT)*0.2;
y= twomul(nflt,drv[ipc],&rc[2],rcbuf)*gain;
} else
y= twomul(nflt,drv[ipc],&rc[2],rcbuf)*gain+yrev*PREM;
if(y > GMAX) y = GMAX;
    if(y < -GMAX) y = -GMAX;
} else
    y= 0;
iy[nn]= 0x80+y;
    yrev=y;
```

```
        ifc++;
        nn++;
        ipc++;
        if(nn >= kaf) {
                write(out,iy,kaf);
                wlen.kh += (unsigned long)kaf;
                nn= 0;
        }
    }
    write(out,&zero,1);
    lseek(out,HEADLEN,SEEK_SET);
    write(out,wlen.ej,3);
    if(tflag) printf("Elapsed time %f sec\n",(float)clock()/18.2);
    printf("\nSPEECH SYNTHESIZED.\n");
}
```

```
float twomul(int m, float ep, float *rc, float *rcbuf)
{
        int i;

        for(i = m-1; i >= 0 ;i--) {
            ep -= rc[i]*rcbuf[i];
            rcbuf[i+1] = rcbuf[i]+ rc[i]*ep;
        }
        return(rcbuf[0] = ep);
}
```

하나하나의 합성신호를 算出한다.

9) 결 과

다음 그림에서 보는바와 같이 원음과 합성음의 파형은 외관상으로는 적지 않은 차이가 있음을 알수있다. 그러나 음성을 이루는 각 주파수파형들이 생성되는 상대적인 위치 - 위상차 - 는 음색에 영향을 주지않기 때문에 이들 음성은 서로 거의 같게 들리는 것이다. 그리고 공분산계수사용의 방법에 의한 결과가 원음의 정보를 조금 더 잘 유지하고 있는 것도 그림을 통해 볼 수 있다.

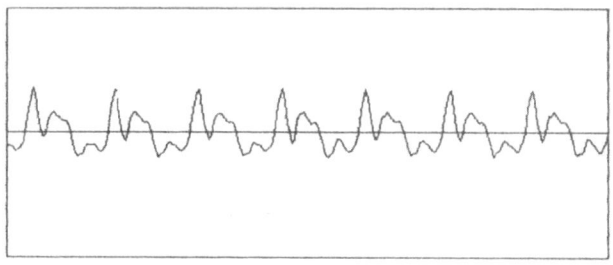

그림 5.21 원음의 파형

제5장 음성합성 *141*

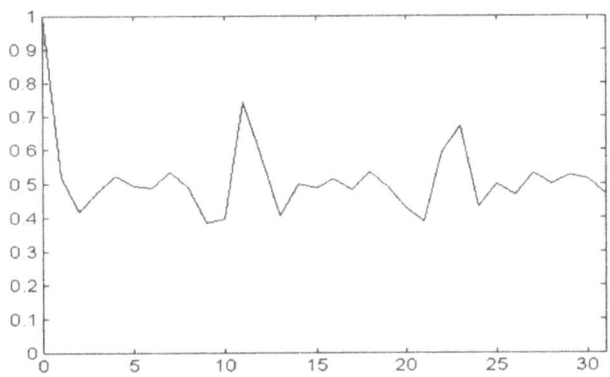

그림 2.22 자기상관계수에 의한 합성음 파형

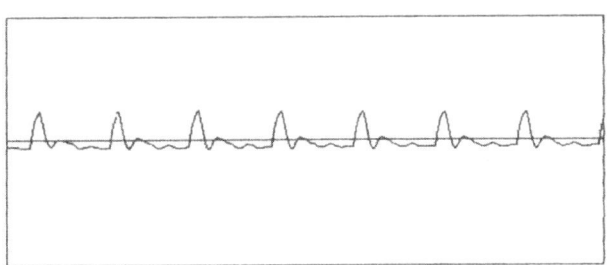

그림 5.23 공분산계수에 의한 합성음파형

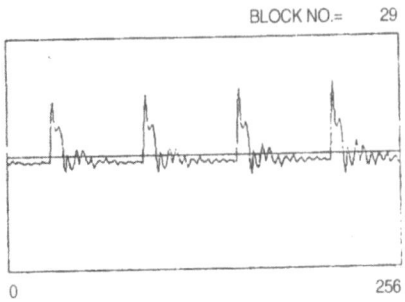

그림 5.24 자기상관 계수에 의한 합성음 파형-1

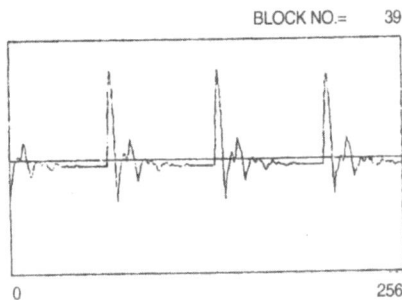

그림 5.25 자기상관 계수에 의한 합성음 파형-2

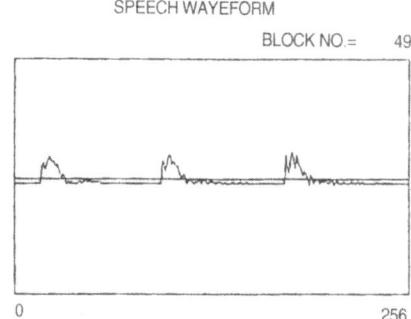

그림 5.26 자기상관 계수에 의한 합성음 파형-3

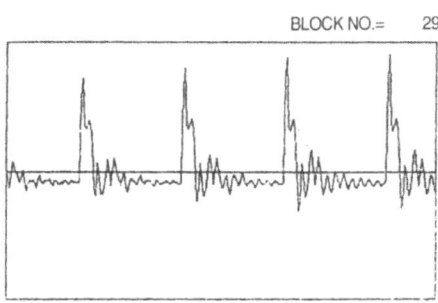

그림 5.27 원음의 LPC smoothed spectrum

144 음성의 분석 및 합성과 그 응용

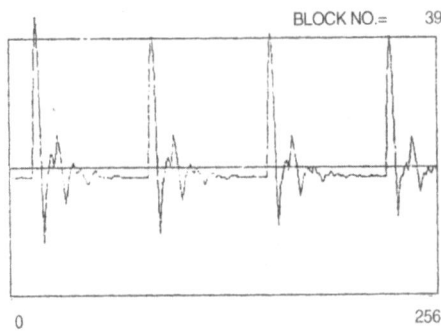

그림 5.28 자기 상관계수의 파라메터에 의한 합성음의
LPC smoothed spectrum

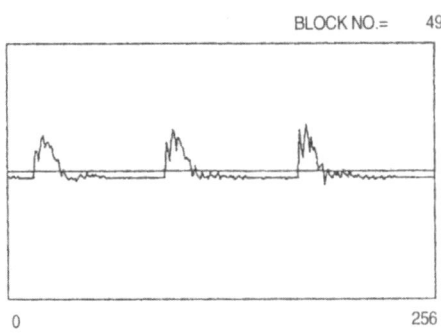

그림 5.29 각자 구성방법의 파라메터에 의한 합성음의
LPC smoothed spectrum

3. 자기상관계수에 의한 방법과 공분산계수에 의한 방법의 비교

이 장에서는 자기상관계수에 의한 방법과 공분산계수에 의한 밥법의 2가지의 성도여과계수추출법을 알아보았다. 다음에 나오는 합성과정을 거쳐 음성이 복원되었을 때 이들 두 가지 방법에 의한 결과가 서로 어떻게 다른가 그냥 눈으로 한 번 확인해 보는 자리를 마련했다.

그림 5.24은 분석구간 별로 세 가지 음성표본의 예를 들었다. 이들 각각을 자기상관계수법에 의해 성도여과계수를 추출한 뒤 합성한 결과가 그림 5.25의 세 그림이다. 그리고 공분산계수법에 의해 성도여과계수를 추출한 뒤 합성한 결과가 그림 5.26의 세 그림인 것이다. 여기서 우리는 합성음의 형태가 (視覺的으로) 원음보다 퍽 自然美가 떨어져 있음을 알 수 있다.

그림 5.27은 세 사람의 음성 각각을 어느 만큼 동안 계속 그 단순화주파수를 추출하여 연속적으로 그린 것이다. 말하자면 음성파형성분의 시간에 따른 자연스러운 변화를 눈으로 볼 수 있게 한 것이다. 이들 음성도 역시 자기상관계수의 방법으로 성도여과계수를 추출하여 그를 토대로 합성한 음을 그림 5.28에 보였고 공분산계수법을 쓴 것은 그림 5.29에 보였다. 합성음의 '모양'은 원음보다 한결 말끔하다.

第6章. 音聲處理技法의 應用課題

1. 저장, 송신을 위한 정보의 압축

한 분석구간에 200개의 8bit 디지탈 음성 표본이 있다면 음성분석에 의해 이 파형을 같은 8bit 길이의 10개의 음성파형 常數로써 나타내고, 그 週期와 잔차에너지의 값을 각각 한 바일의 수로 나타낼 수가 있다. 그러면 총 12byte에 의해 본래 200byte가 필요했던 음성신호를 나타낼 수 있게 된다.

여기서 구간길이를 N 파형변수의 갯수를 p라고 하면 압축비는 (p+2)/N 가 된다. 단 중복영역이 설정되어 있을 경우에는 중복구간길이(overlap length)를 o 라 하면 압축비는 (p+2)/(N-o) 이다.

한편 음성검출을 적용하여 무음성구간을 음성분석의 대상에서 제외시켰을 때에는 무음성구간은 한 바일의 0으로서 표시되므로 전체 구간 개수 T 중 음성구간의 개수가 V, 무음성구간의 개수가 S 라면 총 압축비는

$$\frac{S + V(p+2)}{T(N-o)} \tag{6.1.1}$$

이다.

음성분석의 구간길이를 늘리면 압축비도 늘어난다. 그러나 비교적 긴 시간 동안의 음성신호를 변화가 없는 定常過程의 신호로 간주하다보면 시간에 따른 음성 發生因子의 변화를 제대로 반영하지 못하게 될 위험이 크다.

음성분석의 대상이 週期가 긴 남성음일 경우에는 어느 정도 분석

구간을 늘려 압축비를 향상시킬 수 있다. 이 때 분석구간은 피치(週期)길이의 4~5배 정도가 적당하다.

파형변수 즉 성도여과기계수는 음질에 직접 관계있는 요소로서 **常數**의 **數**는 재생음질에 관계가 깊다. 그러나 성도여과기계수의 개수가 늘수록, 늘어난 **常數**의 한계효용은 체감되고 반면에 연산을 위한 시간은 기하급수적으로 증가한다. 이것은 마치 경제학에서의 한계효용체감의 법칙과도 같다. 처음 한 두 개의 상품의 개당 활용가치는 매우 크다 해도 이것의 공급이 계속 늘어나면 나중에 공급되는 상품은 처음의 것보다는 **個當** 활용가치가 점점 작아지는 것이다. 여기서도 마찬가지로 성도여과기계수의 개수가 늘어나는데 따른 음질의 개선정도는 정비례 하지 않는다. 그리고 이 성도여과기계수들은 합성과정에서 **再歸的演算**(recursive computation)을 하므로 **係數**의 증가에 대한 비례 이상으로 그 계산량은 폭발적 증가를 한다.

실험결과에 따르면 8 ~ 11 kHz의 표본화율을 가진 디지탈 음성정보의 처리에서는 분석구간의 길이를 약 240 표본 정도로 할 때 성도여과기계수의 갯수는 8 내지는 12 정도가 적당하다. 그러므로 8kHz의 표본화율을 가지고 240표본의 분석구간길이를 가진 경우 12개의 파형변수로 최상의 음질을 구현할 수 있다. 그러나 그 이상은 그다지 음질의 향상을 가져오지 못하며 계산량만이 크게 늘어나기 때문에 실용성이 없다.

주기가 짧은 여성음의 경우에는 파형의 상태변화도 빠르게 진행된다고 봐야 하므로 분석구간을 길으면 서로 상당히 다른 파형들을 하나의 **係數列**로써 나타내게 되는 문제가 생긴다. 따라서 분석구간을 길게 잡지는 못하나, 그 대신 한 차례의 파형은 그만큼 적은 단위신호들로써 나타내어지므로 파형변수의 수를 8개 정도로 적게 잡아 압축비를 늘리고 합성음 산출의 계산효율을 높일 수 있다.

이와 같이 압축된 음성자료는 컴퓨터 통신용등에서 **低**용량의 음성

우편이 필요할 때 쓰일 수 있다. 그리고 무선통신에서의 秘話통신을 위해 압축 음성정보를 송신하고 미리 약속된 합성 양식에 따라 지정된 수신기에서 재생하도록 하는 데에도 유용하다.

2. 재생 음성속도의 자유조절

우리는 이제까지는 한 구간의 음성을 재생할 때 구간 當 재생표본의 數를, 즉 再生時의 한 구간의 길이를 본래의 분석구간과 같게 하는 것을 당연하게 생각해왔다. 그런데 재생할 때의 구간 당 단위신호의 수는 앞서 음성분석을 했을 때와는 무관하게 완전히 자유로운 상태에서 그 조건을 설정하는 것이다. 파형변수와 잔차에너지 그리고 주기에 의해 한 구간의 음성을 재생할 때, 이것은 본래의 음성파형의 연속시간과는 무관하게, 구해진 발생인자에 의해서 해당 구간의 길이 만큼을 반복 재생하는 것이다. 이 반복재생의 횟수는 임의로 조정할 수 있다. 본래의 음성과 똑같이 재생하고자 할 경우에는 당연히 한 구간단위의 발생인자로부터는 본래의 구간길이 만큼만 재생해야 할 것이다. 그러나 재생할 때의 샘플(標本,單位信號)수를 본래의 분석구간과 같지 않게 하는 것을 생각해 볼 수가 있다. 재생음의 한 구간 단위당 샘플수를 본래의 구간내 샘플의 수 보다 적게 잡거나 많이 잡으면 본래의 속도보다 빠르게 혹은 느리게 음성의 재생이 이루어질 것이다.

음성의 분석과 합성의 성격상 이 경우에도 본래의 기본주기를 그대로 유지하고 재생되므로 발성의 속도가 변하더라도 본래의 음높이는 변하지 않는다. 그러므로 이것은 레코드판을 본래의 속도보다 빠르게 혹은 느리게 회전시켰을 때의 발생음과는 구분된다. 레코드판의 회전수를 바꾸어서 회전시켰을 경우에는 음높이가 달라지는 것 외에도 음의 왜곡이 심하여 우리가 계속 듣기에는 상당히 거북한 소리가 나는 것을 누구나 경험한 바 있을 것이다. 그러나 이 경우에는 같은 파형의 반복회수만이 늘어날 뿐 파형 그 자체는 그대로 있는 것이므로 본래의 음높이도 그대로 유지되고 음의 왜곡 또한 없다. 먼저와 똑같은 음색으로 다만 발성을 느리게(혹은 빠르게) 할 뿐이다. 조금 바보스럽게 들릴 수는 있을 지 모르지만 계속 듣기에 역겨운 소리는 나지 않는 것이다.

이 방법은 외국어 청취, 받아적기 등에 활용될 수 있다. 한 번에 알아듣기 힘든 외국어를 우선 느리게 들어 본 뒤 점차적으로 속도를 높여 본래의 속도에 적응하는 방식으로 반복해서 들어보면 된다. 받아적기의 경우에도 받아 적는 이의 글쓰는 속도에 맞춰 재생 속도를 조정하면 수월하게 받아 적을 수 있을 것이다.

3. 재생 음성 높이의 자유조절

파형성분과 에너지를 그대로 둔 채로, 음성을 재생할 때 기본주기만을 일정 비율 만큼 짧거나 길게하면 본래보다 높은 소리나 낮은 소리를 얻을 수 있다. 이 경우에도 본래의 음색(파형)성분을 그대로 유지하게 되므로 발성의 속도가 전혀 변하지 않음은 물론이고 단순히 녹음테이프를 빠르게 혹은 느리게 돌렸을 경우와 같은 역겨운 소리는 나지 않는다.

이 책에서 여러 차례 예로 든 음성파형을 다시 한 번 관찰해 보자. 그림 6.1은 음성파형의 한 예이다. 여기서는 설명의 편의를 위해 합성음을 예로 들었다. 합성음의 파형이 원음의 파형과는 육안으로 보기에는 조금 다른 것은 앞에서도 보인 바 있다. 변형재생의 경우와 대조하기 쉽게 하기 위해서 합성음의 파형을 예로 든 것이다. 물론 이론적으로는 원음의 파형도 - 선형예측분석법에 의한 음성의 분석과 합성 과정을 거치지 않고 - 이와같은 변형을 할 수 있다면 마찬가지로 설명될 수 있다.

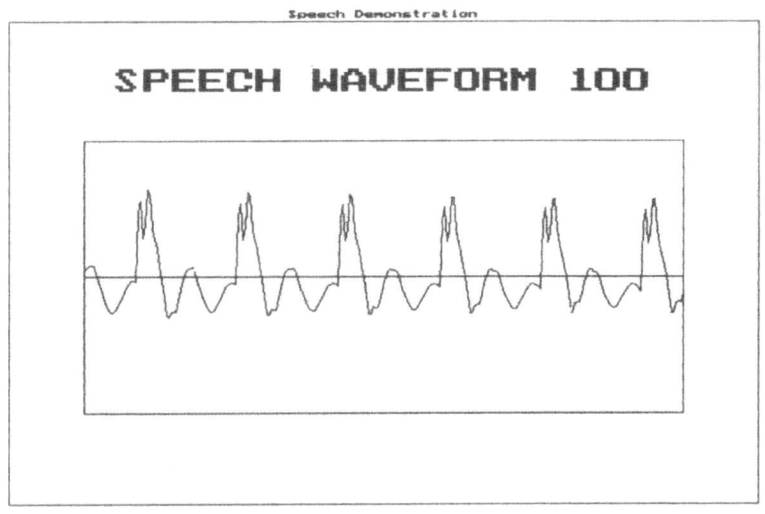

그림 6.1 음성파형의 예

이 음성이 레코드 판이나 카셑테잎에 저장되어 있는 것이라면 만약 먼저 녹음했을 때의 두 배로 회전수로 재생한다면 어떻게 나올까. 그 모양을 알아내기는 어렵지 않다. 가로의 시간축이 2배 압축된 그림 6.2의 모양이 되는 것이다.

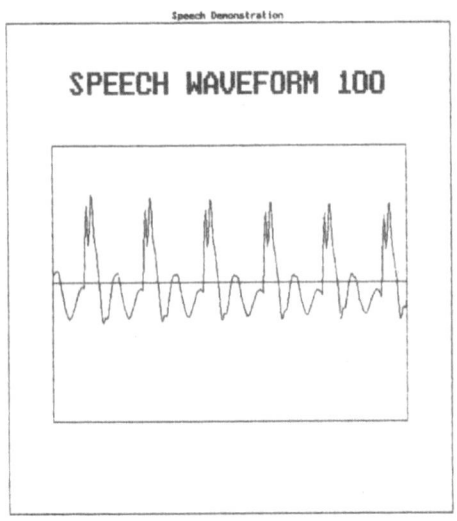

그림 6.2 시간축이 1/2로 압축된 음성파형2

　우리가 눈으로 파형을 보면서 생각하면 얼핏 이 소리는 원래의 파형을 그대로 가지고 있으면서 다만 그 반복횟수 그러니까 진동수가 2배가 된 것이므로 같은 음색을 가지고 단지 2배 높은 소리가 나는 것으로만 생각하기 쉽다.
　그러나 파형의 본질은 육안으로 본 '그림'의 모양이 아니다. 그것은 앞뒤의 신호끼리의 상호관계이다. 바로 먼저의 단위신호들과 현재의 단위신호와의 상호관계 즉 선형예측계수(성도여과계수)가 파형의 본질이며 음색을 이루는 성분인 것이다. 그림 6.2의 경우에는 어느 한 단위신호를 기준으로 보았을 때 본래의 신호에서는 n만큼 떨어진 신호와의 상호 관계가 n/2만큼 떨어진 신호와의 관계에서 나타나게 되므로 결론적으로 단위신호들간의 상호관계 그러니까 선형예측계수의 왜곡이 심하다는 것을 알 수가 있다.
　따라서 비록 우리 눈에 보기에는 무리가 없는 파형이라 할 지라도 우리 귀는 속일 수가 없어 심히 왜곡되고 역겨운 소리를 들을 수 밖에 없는 것이다.

여기서 선형예측계수는 그대로 있으면서 단지 진동수만을 두 배로 한 신호를 보자. 그림 6.3은 음성을 합성할 때 다른 모든 정보를 그대로 두고 단지 기본주기만을 1/2로 줄여 만들어진 것이다.

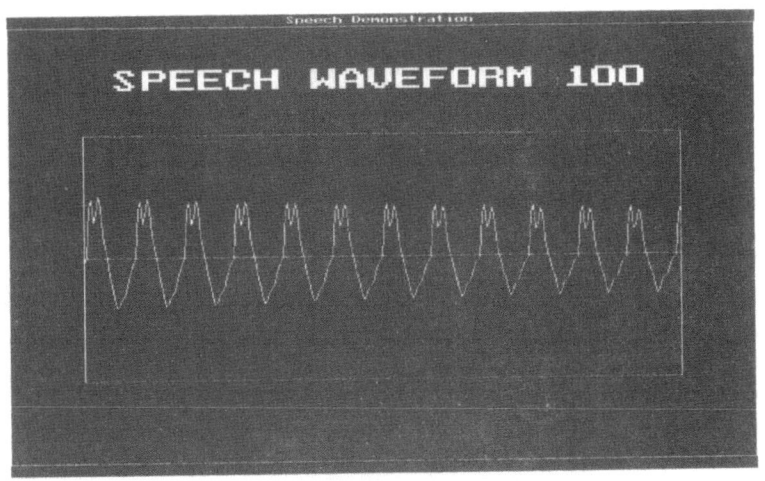

그림 6.3 기본주기(피치)값을 본래의 1/2로 줄여 합성한 음성신호의 형태. 한 사이클(一回波)의 모양은 변했으나 각 단위신호 간의 상호 관계는 변하지 않았다. 이것은 육안으로는 알아내기 어려우나 數式에 의해서는 확인될 수 있다.

이것은 우리의 눈에는 '호소력'이 없으나 數式으로서 검증될 수 있고, 또한 우리의 귀로는 확인할 수 있는 진정한 파형 즉 단위신호들간의 상호관계(선형예측계수)가 그대로 유지되면서, 단지 음높이만이 변화된 것이다. 실제로 들어보면 음높이가 변화되었을 뿐 '音色'도 그대로 유지되는 것을 느낄 수 있다. 음높이를 2배 혹은 1/2배로 하여 남성음을 여성 혹은 여성음을 남성으로 '性轉換' 시켜 들어 볼 수가 있다. 물론 본인의 음색은 그대로 유지하고.

한편 음성의 재생시에 수시로 변하는 기본주기를 일정길이로 고정하면 로봇의 기계음과 같은 소리가 난다. 그러면 발성자의 음색을 그대로 따르는 로봇의 캐릭터를 또하나 창조하는 결과를 낳는다. 이것은 게임 프로그램 등에 활용되어 많은 표현력을 가질 수 있다. 물론 한 음색을 따르는 남자로봇 여자로봇 등도 자유자재로 만들어 낼 수 있을 것이다.

재생 음높이를 조절하는 것은 또한 어느 일정한 높이로 할 필요도 없다. 가령 노래의 가사를 시낭송 하듯 읽어 녹음한다. 일단 이것을 선형예측계수에 의해 저장한다. 저장할 때 본래의 음높이와 음의 강약은 필요 없으므로 제거한다. 그리고 그 노래의 악보를 참조하여, 노래 進行上의 가락과 强弱을 따라, 再生할 때의 음높이 즉 피치값과, 음의 强弱 즉 잔차에너지의 값을 구간별로 할당한다. 이렇게 음성재생을 한다면, 이 自動歌唱시스템에 의하여 이제는 음치(音癡)라고 불리웠던 사람들도 자신의 목소리로 부르는 훌륭한 노래를 들어볼 수 있을 것이다.

4. 입력 음성높이의 인식

앞에서는 음성저장을 할 때 그 파형성분만을 저장하는 것을 말하였으나 반면에 음성의 피치인식기능만을 활용하여 또한 유용하게 활용하는 방안을 생각해 볼 수 있다.

어떤 이가 부르는 노래를 디지탈 녹음하여 음성분석을 행한다. 여기서 파형성분을 제거하고 단지 음높이를 (때로는 强弱도) 저장한다. 이 정보에 따라 미디나 주파수변조 방식을 이용하여 어느 특정악기의 소리를 發聲者의 소리 대신 출력한다. 이렇게 음성의 기본주기 인식 기능만을 활용하여 가창녹음의 곡조(melody)정보를 추출하여 이를 어느 특정악기의 소리로 변환하면 악기를 연주하지 못하고 악보를 볼 줄 모르는 이도 악기연주와 작곡을 할 수 있는 '인공지능 작곡기'를 만들 수 있다.

또한 이 정보에 따라 규정된 형식의 악보를 출력할 수도 있다. 이와 같이 악기를 연주하지 못하고 악보를 볼 줄 모르는 이도 악기연주와 작곡을 할 수 있는 것이다.

가창녹음에는 음정, 박자, 강약의 정보가 모두 있으므로 이를 본래 악보의 것과 비교하여 정확한 점수산출을 하는 음악교육프로그램을 만들어 볼 수 있다. 점수산출을 위해서는 악보정보로부터 얻어진 곡의 흐름에 따른 바람직한 기본주기값의 변화양상이 있을 것인데 이것과 가창자의 녹음으로부터 구한 기본주기값의 배열을 서로 비교하는 것이다. 모범가창의 기준은 악보일 수도 있지만 어떤 저명 성악가나 가수의 가창을 분석한 정보일 수도 있다. 특정인의 노래를 흉내내어 부르기는 대중의 흥미도 자아낼 수가 있다.

그런데 노래를 잘 부르는 사람도 자기 고유의 음의 높낮이가 악보정보의 것과는 차이가 있을 수도 있다. 따라서 그냥 산술적인 차를 구한다기 보다는 가창음의 높이와 악보음의 높이를 비교하고 標準偏差를 구하여 그 값이 적을 수록 좋은 점수를 주는 방식이 적합하다.

입력음성의 분석결과로부터는 잔차에너지로부터 강약의 성분도 얻을 수 있으므로 이것도 악보나 모범歌唱者의 그것과 비교하여 역시 점수산정에 유용하게 쓰일 수 있다. 물론 곡 전체의 강약(piano-forte)의 변화를 따라 入力曲과 模範歌唱曲의 각 구간의 强弱差의 표준편차를 구하는 방법으로 해야 할 것이다.

5. 문자음성출력기

문자음성출력기 즉 TTS(Text To Speech)에 대해서는 많이 알려졌을 것이다. 그런데 기존의 방법과 같이 각 문자에 대응되는 음성표본을 음절별로 수집하여 문장으로서 출력할 때는 출력문장의 상황에 맞게 억양, 강약 등의 출력이 되지않아 매우 어색한 음을 듣게 된다.

이 문제를 개선하기 위해 선형예측계수에 의한 문자음성출력기의 개발을 생각해 볼 수 있다.

이 밥법을 적용하였을 경우의 주요 장점은 다음과 같다.

① 음성정보 저장용량의 대폭적인 압축

이 경우 음성분석결과변수를 대신 저장하면 저장에 필요한 기억용량의 대폭 감소를 가져올 수가 있다. 감소의 정도는 음성분석/합성을 할 때의 일반적인 압축비 정도를 넘어서, 단모음 하나가 한 음절을 이룰 때에는 단지 한 음성분석 구간의 정보 만으로 한 음절에 해당하는 음성을 모두 합성할 수가 있으므로 매우 큰 압축효과를 얻을 수 있다.

② 發聲하는 音節間의 자연스러운 연결

그리고 기존의 음절녹음 표본으로 내보낼 때는 음절간의 이음새가 문제가 되기도 하지만, 음성합성의 방법에서는 구간별로 된 예측 계수에 따라 자연스럽게 구간 사이를 이어주는 작업을 하므로 당연히 음절간의 이음새 문제도 없어지게 된다.

③ 자연스러운 억양의 문장 출력

또한 문장에 따라 재생할 때에 문장의 억양에 맞는 형태로 음의 고저와 강약을 조절하여 출력하면 자연스러운 문장낭독음을 출력할 수가 있다. 이것은 결과적으로 앞에서 언급한 자동가창 시스템과 같은 출력양식을 갖춘다는 말이 된다. 다만 재생을 위한 억양정보가 매우 일반적인 것이기 때문에 이를 위한 정보를 충분히 얻기 위해서는 많은 노력이 필요하다. 그러기 위해서는 물론 음성분석과 합성의 경우보다 더욱 큰 노력이 국어구문분석과 국어음운연구에 들어가야 할 것이다. 국어의 문장 하나하나를 컴파일러가 프로그램 언어를 해석하듯이 해석하여, 한 문장을 놓고 보았을 때의 자연스러운 억양의 일반적인 틀을 만들어내야 한다.

6. 샘플러와 波形表

컴퓨터에 의한 음악구현의 방법에는 그냥 디지탈 녹음을 쓸수도 있지만 이 방법은 데이타량이 너무 크므로 단순재생의 경우 이외에는 효과적인 음악의 정보처리에는 부적하다. 그러므로 소리카드에 쓰이는 주파수변조 음악구현 방식과 미디 방식이 있다. 주파수변조(FM) 방식은 악기에 따라 적당한 주파수 조합을 발생시켜 인위적으로 만든 소리이므로 구현에 필요한 가격이 적게드는 대신 음질이 실제악기만은 못한 단점이 있다. 미디는 규격에 의해 정해진 악기들의 소리를 전 음계(音階)에 걸쳐 디지탈로 녹음하여 샘틀의 명령에 따라 재생시키는 것으로서 주파수변조방식에 비해 음질이 월등하나 그 구현에 쓰이는 부담이 크다.

이러한 것의 절충으로서 파형표(Wave Table)방식이 있다. 이것은 말하자면 악기음을 대상으로 음성분석과 같은 처리를 하여 그 파형변수를 기록하고 재생시에 경우에 따라 강약과 음높이를 지정하여 재생시키는 것으로서, 역시 앞에서 언급한 자동가창시스템의 방법과, 문자음성출력기에서의 자연스러운 문장억양재생의 방법과 일맥상통하는 것이다. 이 경우 미디의 경우보다 음원의 수집(蒐集)에 들이는 노력이 훨씬 적게들고 재생할 때에는 음의 高低를 거의 무한하게 자유로이 표현할 수가 있다. 물론 악기소리의 경우에는 음성의 경우보다 현저히 높은 표본화율(44100 Hz 가량 까지)이 필요할 것이고 그에 따라 파형변수의 개수(선형예측계수)도 충분히 많아야 한다.

　샘플러란 악기에 대해 들어본 일이 있을 것이다. 이것은 앞에서 말한 波形引導 방식의 음향출력방법을 전자악기로서 구현한 것으로서 일단 녹음한 악기 혹은 음성의 소리를 건반에 의해 필요한 높이의 소리로 출력하는 악기이다. 이 책에서 소개된 기본기능을 이용하면 이것을 소프트웨어로 컴퓨터 상에서 만들어볼 수가 있다. 어떤 악기의 소리나 목소리의 샘플을 입력시킨 후 건반에서 지정하는 음높이에 따라 다르게 재생하는 기능을 구현하는 것이다.

　사운드블라스터의 응용소프트웨어 등에서 컴퓨터에서의 피아노나 오르간 연습형태의 것은 많이 찾아볼 수 있다. 이들과 같은 기능을 갖는 소프트웨어를 개발한 후 여기에 음성녹음기능을 추가한다. 녹음된 음성샘플은 파형변수로서 저장한다. 프로그램을 수행할 때 건반의 각 음높이에 맞는 기본주기에 따라 음성을 합성하면 컴퓨터상에서의 전자악기(Sampler)가 만들어지는 것이다.

7. 선형예측계수에 의한 음성의 인식

　음성인식에는 발성자가 누구냐에 따라 인식의 결과가 다른 話者認識이 있고 화자와 무관하게 의미를 인식하는 의미인식이 있다. 음성인식은 체계적인 이론보다는 주어진 대상 자료들의 共通點과 相異點들을 분석하여 시행착오적인 실험을 거듭함으로써 얻어지는 경우가 대부분이다.

　이렇게 자료의 처리량이 많은 음성인식을 수행할 때 본래의 파형정보를 그대로 사용한다면 무척 번거로울 것이다. 이 때 성도여과계수를 대신 이용하면 훨씬 효율적일 것이다.

　이 방법은 계속되어 나타나는 반복파형정보와 대응되는 값인 限定

된 개수의 성도여과계수 정보만을 가지고 음성의 특성을 구분한다. 특히 의미인식의 경우 잔차에너지와 기본주기는 음성의 의미와 무관한 것이므로 성도여과계수만을 가지고 더욱 효율적인 음성인식의 기준을 만들 수 있다.

응용의 폭은 다음과 같이 확장될 수 있다.

- 음성인식 결재 시스템
- 制限單語 特定 話者 인식시스템
- 일반音素 特定 話者 인식시스템
- 制限單語 일반 話者 인식시스템
- 일반單語 일반 話者 인식시스템

선형예측계수에 의한 음성신호의 인식은 통계적인 방법론에 의해 이루어진다.

第7章 線形豫測分析係數를 이용한 高音質 低容量 문자음성출력기의 개발

1. 개요

　선형예측분석법을 이용한 음성처리기법의 한 응용으로서 문자음성출력을 위한 단어 및 음절의 음원표본을 미리 분석하여 그 압축계수를 저장하여 음성자료화하고, 입력文章에 대한 음성출력을 요할 때에는, 문장의 내용에 따라 음성자료로부터 음원 표본을 찾아 조합하여 그에 따른 음성을 합성하여 출력하는, 음성합성방식 문자음성출력기

2. 특징

　기존의 방식과 선형예측분석법에 의한 방식과의 차이점

1) 샘플정보가 차지하는 용량의 대폭감소

　샘플음성은 2천여字의 국어기본음절외에 사용빈도가 높은 약 2만단어의 녹음이 필요하다. 한단어의 음절을 2.5음절이라고 하자. 그러면 약 5만음절의 녹음이 필요하다.
　한 음절을 발음하는 시간은 대략 1/5초이다. 그러면 1만초만큼의 음성녹음이 샘플로서 필요하다.
　음성샘플은 가장 기본적인 방식이 8000Hz에 8bit의 데이타로 추출하는 것이지만, 약간의 음질향성을 위해서 윈도우에서 더욱 보편적인

11025Hz에 8bit의 데이타로 샘플할때를 가장하면 1초에 11025byte의 정보량이 필요하게 된다.

그러므로 11025×10000=110250000로서 약 105Mbyte의 용량이 음성자료로서 필요하게 된다.

선형예측 분석법에 의한 음성의 압축은 보통 8bit의 음성 200샘플을 한 구간으로 하는 데이타 즉 200byte의 데이타를, 음높이와 성량 각각 1byte(8bit) 그리고 10개의 음성파형변수 각각 1byte씩 도합 12byte 나타낸다. 그런데 음성샘플을 압축할 때는 실제의 음성을 압축할 때처럼 수시로 변화하는 음성을 따라 적응할 필요가 없으므로 한 분석구간의 길이를 늘릴 수 있다. 그러므로 240샘플을 한 구간으로 해도 무방하다. 이에 따라 240byte를 12byte로 압축하는 것이 가능하여 1/20의 압축비가 이루어진다. 따라서 105/20=5.25Mbyte의 그다지 크지 않은 附帶자료만을 가지고 소프트웨어의 기능이 이루어진다.

2) 출력발음의 자연스러운 흐름

음성파형을 그대로 收集하여 구축한 자료는 파형정보의 양끝단에 대한 처리가 불가능하다. 그러므로 두 샘플음을 이었을 때 파형의 이어짐이 매끄럽지 못함으로 인한 잡음의 발생이 불가피하다. 일일이 양 끝단을 감쇄하여 완화(smoothing)한다해도 역시 각 샘플간의 끊어짐은 피할수 없다.

그러나 선형예측분석계수를 이용한 음성합성에 의해서는 출력시에 각 음원 사이의 이어짐을 자연스럽게 하는 數式(algorithm)이 적용되므로 전혀 음절간의 끊어짐이 없다.

3) 자연스러운 억양출력의 점진적인 개선

음높이, 성량, 선형예측계수의 3가지 요소로 분리된 음원은 각기

별도로 처리할 수 있다. 그러므로 억양출력은 음높이 성분(pitch)값을 변화시킴으로써 적절하게 조절될 수 있다. 우선 ?표로 끝나는 문장의 끝을 높이는 기능을 구현하고, 추후 국어문장의 억양에 대한 면밀한 조사연구를 토대로 더욱 자연스러운 억양의 문장출력이 가능하도록 한다.

4) 자유로운 성량출력

3가지 성분 중 성량부분 또한 별도로 임의 조절될 수 있다. 그러므로 원래 문장에서 특별히 강조했던 낱말(고딕체로 쓴 것)이든가 끝에 !표가 있는 문장의 終結部에는 성량을 강조하여 출력하도록 한다. 또한 점진적으로 명사, 대명사등의 體언과 동사, 형용사 등의 用言 그리고 부사, 助辭 등 각각의 역할을 지니는 낱말들의 강약관계를 조사하여 출력문장의 자연스러운 성량조절이 이루어질 수 있다.

5) 사용자 기호와 여건에 맞은 음높이조정

파형성분과 성량(에너지)를 그대로 둔 채로, 음성을 재생할 때 음높이 성분을 조절하면 본래보다 높은 소리나 낮은 소리를 얻을 수 있다. 이 경우에도 본래의 음색(파형)성분을 그대로 유지하게 되므로 발성의 속도가 전혀 변하지 않음은 물론이고 단순히 녹음테이프를 빠르게 혹은 느리게 돌렸을 경우와 같은 역겨운 소리는 나지 않는다.

3. 프로그램 체계

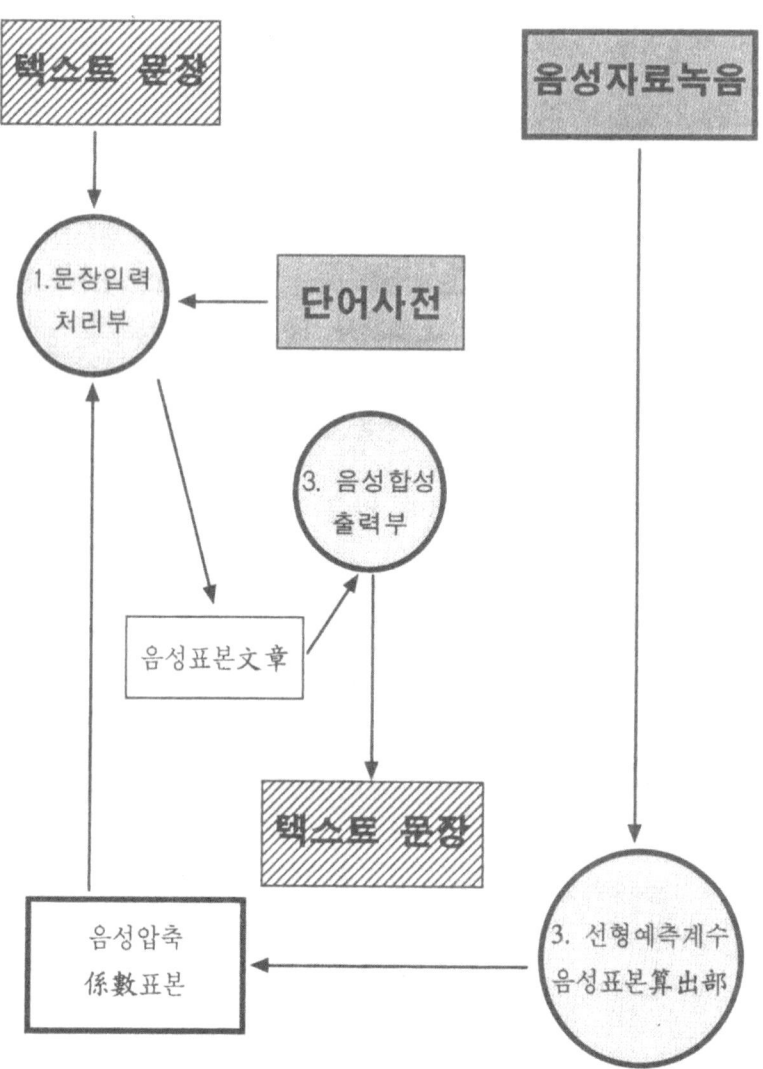

도표기호설명

동작단위(process) : 프로그램의 동작을 이루는 각 단위

외부 입출력 정보 : 사용자 혹은 상위 응용프로그램이 입력하거나 얻게되는 정보

음성표본文章

내부입출력정보 : 각 동작모듈간의 동작명령을 위하여 일시적으로 임시파일에 저장되어 읽혀지는 정보

단어사전

固定情報 : 프로그램을 이루는 기본 고정자료 정보. 곧 과제추진과는 별도로 마련되어야 할 자료

1) 文章入力處理部

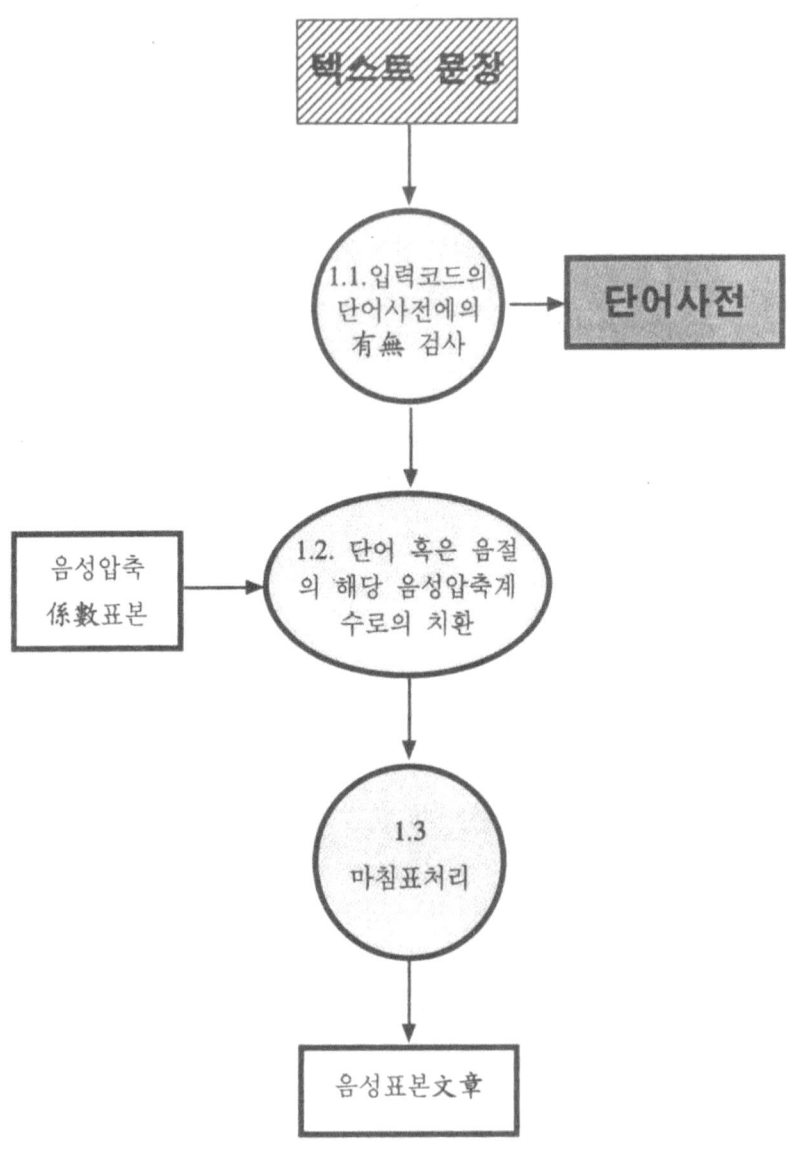

2) 線形豫測係數音聲標本算出部

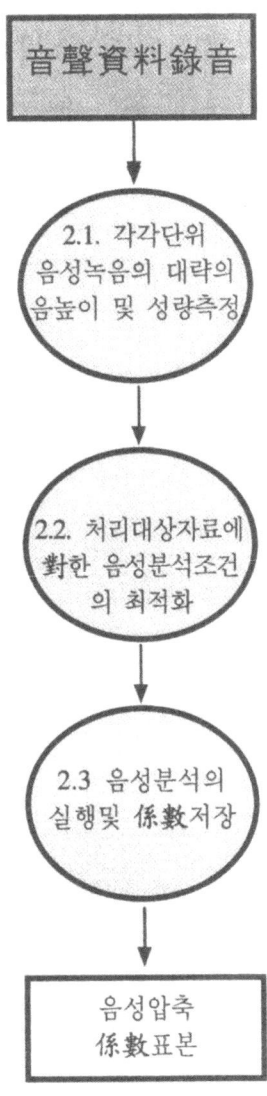

3) 音聲合成出力部

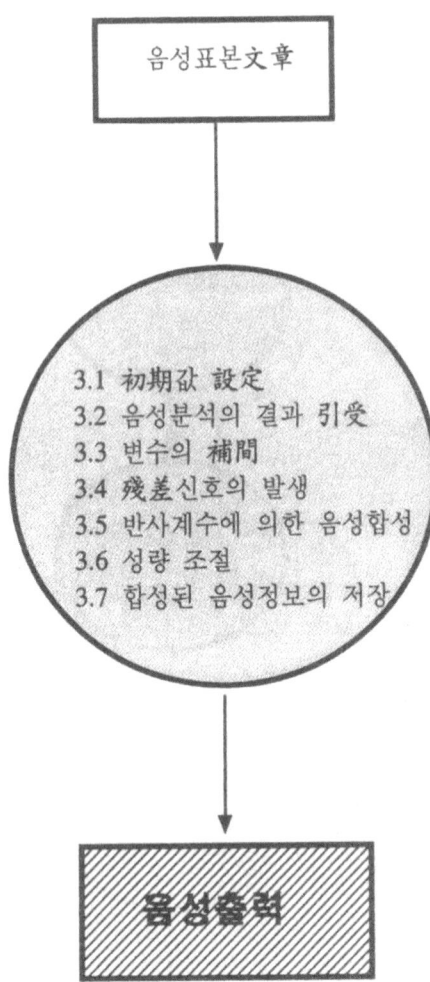

4. 개발단계 및 기간

第一月
1) 기존의 음성샘플 데이타의 입수 혹은 자체 작성
 - 자체 작성時 녹음실 및 아나운서 물색후 디지탈 녹음
2) 사용빈도수에 따른 적정 기본단어 설정. 기본단어 외의 입력은 음절별로 처리
3) 각 단어 및 음절에 관한 선형예측분석법에 의한 음성데이타의 表本係數化
=> 시제품 완성

第二月
4) 합성음 청취시험에 의한 표본계수의 최적화
5) 표본계수의 데이타베이스화
6) 문장입력후 입력단어의 음성계수를 찾는 檢索數式(searching algorithm) 개발

第三月
7) 입력문장을 표본係數列化하는 主프로그램 개발
8) 표본계수列에 의한 음성합성
9) 물음표, 느낌표 등에 따른 억양변화 적용

以後 (第四月~第六月)
10) 출력음성의 자연스러움을 살리기 위한 수정보완 작업
11) 사용자 응용 프로그램과의 연계
12) 商品化

5. 성능요구사항

- 출력속도는 자유조절 될 수 있어야 한다.
- 출력문장의 억양은 기계적인 소리를 탈피하여야 한다.
- 프로그램 사이즈 (기본자료포함)는 10Mbyte이하여야 한다.
- 주기억장치(main memory) 8Mbyte의 컴퓨터에서 동작 가능해야 한다.
- 음성출력은 마침표, 물음표, 느낌표, 쉼표 등의 문장단위로 처리한다. 먼저의 문장이 사운드카드에 의해 출력되고 있을 동안에, 다음 문장이 내부에서 해석되어 단어 찾기와, 표본계수의 蒐集(collection)을 거쳐 음성표본係數列에 의한 음성합성이 이루어져 대기하고 있어야 한다.
- 음성출력프로그램이 중단되어 사용자의 별도조치가 있어야하는 경우는 컴퓨터의 하드웨어적인 문제가 없을 경우에 48시간당 1번 이하여야 한다.
- 한 번에 합성할 출력음은 100음절까지로 한다. 그 이상의 길이의 문장은 임의로 분리하여 출력한다.
- 국어음운연구에 의한 본격적인 자연음 합성 시스템으로의 발전을 위한 충분한 호환성과 확장성을 가져야 한다.

6. 응용분야

1) 전자책읽기

최근 종이 값의 상승 등으로 인한 출판업계의 불황이 심해지고 있다. 이럴 때일수록 물적 자원을 들이지 않고 정보를 얻을 수 있는 전자 책의 효용성이 증대된다. 전자책의 편안한 사용을 위하여 독자가 때로는 다른 작업을 하면서 책의 내용을 들을 수 있는 책읽기 기능을 추가하면 매우 편리하다.

2) 컴퓨터 음성통신

컴퓨터통신의 게시물을 음성서비스하여 車안이나 기타 이동 중에도 전화로 정보를 열람할 수 있는 서비스에 응용한다.

<컴퓨터 음성통신의 시나리오 例>

사용자: 전화를 건다.

　음성컴퓨터통신: 안녕하십니까. 음성컴통신입니다. 귀하의 시작메뉴 이외의 곳으로 가시려면 '*'을 눌러주십시오.
▸ 사용자: '*'를 누른다.

　음성컴퓨터통신: 원하시는 메뉴번호를 눌러주십시오. 1번 이용자안내 2번 동호회 3번 경제정보 4번 여론광장...
▸ 사용자: 3번을 누른다.

　음성컴퓨터통신: 경제정보를 선택하셨습니다. 원하시는 번호를 눌러주십시오. 1번 제일증권 안내 2번 신경종합금융 안내 3번 한국경영기술원...
▸ 사용자: 1번을 누른다.

　음성컴퓨터통신: 제일증권 안내입니다. 1번 현재의 주가 2번 이용자게시판...
▸ 사용자: 1번...

　음성컴퓨터통신: 동양물산 5천원 한일금속6천원...
▸ 사용자: # (상위메뉴)

　음성컴퓨터통신: 제일증권 안내입니다. 1번 현재의 주가 2번 이용자게시판...
▸ 사용자: 2

음성컴퓨터통신: 오늘은 15개의 새 게시물이 올라왔습니다. 15시30분에 이규행씨의 '오늘은 일이잘안된다.' 1533번, 15시 11분에 김대중씨의 '주가가 자꾸내린다.' 1532번, 14시 46분에 손익철씨의 '제일증권에 바란다.' 1530번, 14시 01분에 ... 번호를 안누르시면 다음 페이지로 넘어갑니다.

▸ 사용자: 1532

음성컴퓨터통신: 벌써 며칠째 주가가 자꾸 내립니다. 무슨 조치가 있어야 할 것 같습니다. 그런데...

7. 첨부 프로그램의 활용법

8kHz 혹은 11kHz로 1인의 음성이 한 음절씩 녹음된 음성샘플 파일 sp1.wav sp2.wav sp3.wav ... 의 집합이 있을 때

   anacw sp1.wav
   anacw sp2.wav
   anacw sp3.wav
   ...

에 의해

sp1.par sp2.par sp3.par ... 의 압축 파라메터 파일을 만든다.
merge sp1.par sp2.par sp3.par ... 에 의해

   para.dat : 각 압축 파라메터의 모음
   padd.dat : 각 파라메터 데이타의 주소
   paraset.txt : 헤더파일

이 생긴다.

현재 있는 샘플은 "안,녕,하,심(<='십'이 아님),니,까,박,경,범,임,니,다,큐,네,트4)" 이다.

만약 한국어 음절샘플이 구비되어 있다면 새로운 DB의 구성이 가

---

4) 큐네트:회사이름

능하다.

　adtts를 컴파일하여 실행파일을 만든다.

　다음 "안녕하십니까"를 출력하고 싶다면 소리나는 대로 변환하여 "안녕하심니까"를 입력하는데

　DOS 한글모드로 하고

　para.dat, padd.dat이 있는 房에서

　adtts

　하고

　"안"을 치면

　성량 높이 길이 등을 묻는다

　100을 기준으로 80~120의 숫자를 세 번 입력한다.

　'높이'의 경우 숫자가 작은 것이 짧은 피치를 나타내므로 높은 소리고 큰 수가 낮은 소리다.

　"안","녕","하","심","니","까"를 다 친 다음에는

　"끝"을 친다.

　prompt가 나타나며 끝난다.

　ttsout.wav 가 생성되며 소리를 낼 수 있다.

8. 電算文

8.1) paraset.txt

```
syllable paraset[] = {
    { "안", 0x0000 }, { "녕", 0x02dd }, { "하", 0x0582 }, { "심", 0x078d },
    { "니", 0x0a08 }, { "까", 0x0c21 }, { "큐", 0x0de7 }, { "네", 0x101d },
    { "트", 0x1299 }, { "임", 0x147b }, { "다", 0x16db }, { "박", 0x18af },
    { "경", 0x1a3d }, { "범", 0x1c8f }
};
```

8.2) anacw

```
/*     ***************************************
       *      SPEECH ANALYZER                *
       ***************************************/
#include <iostream.h>
#include <io.h>
#include <conio.h>
#include <stdio.h>
#include <stdlib.h>
#include <string.h>
#include <fcntl.h>
#include <sys\stat.h>
#include <math.h>
#define DC       0x80
#define PREM     3
#ifndef NODSI           // 音聲檢出의 過程을 適用하는가의 與否
#define ENTHU    1800       /* if less, silence */
#define ENTHL    1200       /* if less, silence */
#define ZECRT    120        /* if greater, unvoiced */
#else
#define ENTHU    0          /* if less, silence */
#define ENTHL    0          /* if less, silence */
#define ZECRT    0          /* if greater, unvoiced */
#endif

double EFFLAT(unsigned short, unsigned short, char *, double *);
double sqr(double);
double Direct(double *,double *,int,double *,double);
double atc(double *, double *, unsigned short, unsigned short);
unsigned char pitch(unsigned short,char *);
unsigned short aben(char *, unsigned short);
```

제7장 선형예측계수를 고음질 저용량 문자음성출력기개발

unsigned short zecr(char *, unsigned short);

double ass[] = { 0., 0.405178, 0.594821, 0.372984, 1.39821, -0.771198 };
int min(int x, int y) { return(x>y?y:x); }
void main(int argc,char **argv)
{
/*
    |*| 4 unsigned chars 'RIFF'
    |*| 4 unsigned chars <length>
    |*| 4 unsigned chars 'WAVE'
    |*| 4 unsigned chars 'fmt '
    |*| 4 unsigned chars <length>   ; 10h - length of 'data' block
    |*| 2 unsigned chars 01   ; format tag
    |*| 2 unsigned chars 01   ; channels (1=mono, 2=stereo)
    |*| 4 unsigned chars xxxx   ; samples per second
    |*| 4 unsigned chars xxxx   ; unsigned chars per second
    |*| 2 unsigned chars 01   ; unsigned chars per sample
    |*| 2 unsigned chars 08   ; bits per channel
    |*| 4 unsigned chars 'data'
    |*| 4 unsigned chars <length>
    |*| unsigned chars <sample data>
    |*|
*/
    struct {
            char riff[4];
        unsigned char tlength[4];
            char wave[4];
            char fmt[4];
        unsigned char hlength[4];
            char ftag[2];
            char chann[2];
            char sampps[4];
            char unsigned charps[4];

```
                char unsigned charpp[2];
                char bitspc[2];
                char data[4];
          unsigned char dlength[4];
        } wavehead;

   unsigned long wlen;
        double alpha;
        union {
                long kh;
                char ej[4];
        } para_size;
   int k, khip = 0, khst, khst2, in, out, kyunghee, cont = 1, fflag = 0;
        long wdb;
        unsigned short naben, nzecr, kaf, naf, rdb, i;
   unsigned char ipitch, ipbf, ip, ipst, ipst2, snaf, mov, nfc, nfcp2;
   char c, sprev, ssave, sxx[400], x[400], i_rcst[20], pars[20];
        double     rc[20], rcst[20], rcst2[20];

   nfc = 12; /* 기본값 設定 */
   naf = 240;
        mov = 40;
   if(argc < 2) {
                cout << "音聲分析의 方法" << endl;
                cout << "anacf -[nf] voice-filename" << endl;
                  cout << "\t-n240: for normal speech" << endl;
                  cout << "\t-m12: for normal speech" << endl;
                  cout << "\t-fname.paw: give filename" << endl;
                  cout << "\t-c: skip silent interval" << endl;
                return;
        }
   while(--argc > 0 && (*++argv)[0] == '-')
                        while(c = *++argv[0])
                                switch (c) {
```

```
                                case 'M':
                case 'm':
                                nfc = atoi(++argv[0]);
                                break;
                case 'N':
                case 'n':
                                naf = atoi(++argv[0]);
                                break;
                case 'O':
                case 'o':
                                mov = atoi(++argv[0]);
                                break;
                case 'F':
                case 'f':
                                fflag = 1;
                                strcpy(pars,++argv[0]);
                                break;
                case 'C':
                case 'c':
                    cont = 0;
                        }

        nfcp2 = nfc+2;

        if((in = open(argv[0],O_RDONLY|O_BINARY)) == -1) {
                fprintf(stderr, "cannot open %s\n",argv[0]);
                exit(1);
        }


#ifdef EXPER
        clrscr();
#endif
```

```
        if(!fflag) {
            for(i=0;argv[0][i]!='.'&&argv[0][i]!= -1;i++)
                    pars[i]=argv[0][i];
            pars[i++]='.';
            pars[i++]='p';
            pars[i++]='a';
            pars[i++]='w';
            pars[i]='\0';
        }
        printf("\n音聲分析 系輸 파일名 %s,\n",pars);
        if((out = creat(pars, S_IWRITE|S_IREAD))== -1) {
                fprintf(stderr,"%s를 열지못함.\n",pars);
                exit(1);
        }
        if((out = open(pars,O_WRONLY|O_BINARY, S_IWRITE)) == -1) {
                fprintf(stderr, "%s를 열지못함\n",pars);
                exit(1);
        }
/*
        INITIALIZE
*/

        printf("分析區間    길이    NFC    %d,    필터係數의數    %d,    重複區間 %d",naf,nfc,mov);


/*
        ANALYZE
*/
        for(k=0; k< nfcp2; k++)
        {
                rc[k]=0.;
                rcst[k]=0.;
```

```
                rcst2[k]=0.;
        }

            read(in, &wavehead, 44);


wlen = (long)wavehead.dlength[0]|(long)wavehead.dlength[1]<<8
              |(long)wavehead.dlength[2]<<16|(long)wavehead.dlength[3]<<24;
write(out,"KBPark Voice Parameter File",27) ;
lseek(out,3L,SEEK_CUR);
kaf = naf - mov;
snaf = (unsigned char)naf-(unsigned char)144;
write(out,&snaf,1);
write(out,&mov,1);
write(out,&nfc,1);
write(out,&wavehead,44);
para_size.kh = 0;
kyunghee=1;

        wdb = wlen/kaf;
        rdb = (unsigned short)(wlen%kaf);

        for(i = 0; i < mov; i++)
                sxx[i] = 0;

        while(wdb >= 0) {
        if((i=read(in,x,kaf)) < 0) {
                                            cout << "파일 缺陷" << i;
                exit(1);
        }
        for(i = 0; i < kaf; i++)
                sxx[i + mov] = (x[i] -= (char)DC);
        naben = aben(sxx,naf);
```

```
            nzecr = zecr(sxx,naf);
#ifdef EXPER
        gotoxy(10,10);
        cprintf("切對에너지 : %5d",naben);
        gotoxy(40,10);
        cprintf("零交借率 : %5d",nzecr);
#endif
        if(naben < ENTHL && nzecr < ZECRT)
                khip = 0;
        else
                khip = 1;
        if(cont) khip = 1;
        if(naben > ENTHU) {
                ip=1;
        } else
        if(naben > ENTHL && nzecr < ZECRT) {
                ip=1;
        } else
                ip = 0;
        if(ipst2) {
                ipitch=pitch(naf,&sxx[-1]);
                if(ipbf==0 && ipst==0)      /* former and latter 0,
then 0 */
                        ipitch = 0;
        } else
                ipitch = 0;

        ipst2=ipst;
        ipst=ip;
        ipbf=ipitch;
                sprev=sxx[0];
                for(i=1; i < naf; i++) {
                        ssave = sxx[i];
```

제7장 선형예측계수를 고음질 저용량 문자음성출력기개발 *181*

```
                    sxx[i] -= sprev - (sprev >> PREM);
                    sprev = ssave;
            }
            alpha = EFFLAT(naf,nfc,&sxx[-1],&rc[1]);
            rc[0]= sqrt(alpha);
#ifdef EXPER
            gotoxy(10,8);
            printf("%-5d 音區間",kyunghee);
            gotoxy(10,12);
              printf("週期 %5d\t",ipitch);
              gotoxy(40,12);
            printf("殘差에너지 %5.1f",rcst[0]);
#endif

        if(rcst2[0] > 255.0 )  // 絶代에너지의 上限값으로 限定
                i_rcst[0] = (char)255;  // 255는 8자리 二進數의 最大값
        else if (rcst[0] < 0.0) {
                cout << "絶代에너지는 陰數가 될 수 없음.";
                exit(1);
        }
        else
                i_rcst[0] = (char)(rcst2[0]);
i_rcst[1]= ipitch;
for(k=2; k< nfcp2; k++)
                i_rcst[k] = (char)(127.9*rcst2[k]);
if(i_rcst[0]) {
                write(out,i_rcst, nfcp2);
                para_size.kh += nfcp2;
        } else {
                write(out,i_rcst, 1);
                para_size.kh++;
        }
#ifdef EXPER
```

```
                        for(k=2; k< nfcp2; k++) {
                                        gotoxy(10,12+k);
                                        printf("%9.6f   %5d",rcst2[k],i_rcst[k]);
                        }
#endif
            for(i=0;i < nfcp2;i++) {
                        rcst2[i]= rcst[i];
                        if(!khst2&&!khst&&!khip)
                        rcst[0]=0.;
                        else
                        rcst[i]= rc[i];
            }
            for(i = 0,k=kaf-mov; i < mov; i++,k++)
                        sxx[i]=x[k];
            kyunghee++;
            if(wdb-- == 0L)
                        kaf = rdb;
            khst2=khst;
            khst=khip;
            }
            lseek(out,27L,SEEK_SET);
            write(out,para_size.ej,3);

            printf("\n音聲分析完了.\n");
}

#define MINDP  6 /* minimum downsampled pitch */
#define MAXDP 31 /* maximum downsampled pitch */

unsigned char pitch(unsigned short naf, char *spch)
{
            double d[6], pbuf[100], a[6], p[6], abuf[100];
            double u, u1, x, x1, x2, amax, p0, p1, p2, p3, aa, bb, dd, rl, v;
            static double pitch[4];
```

```
int i, j, k, l, m, mp;
unsigned short nf;

nf = naf/4;
p[1] = 1.;
p[2] = 0.;
p[3] = 0.;
p[4] = 0.;
p[5] = 0.;
for(j = 1; j <= 5; j++)
        d[j]=0;
for(j = 1; j <= nf; j++)
        pbuf[j]=0;
k=1;
u1=ass[1]*spch[1];
x2=ass[3]*u1;
u1=ass[1]*spch[2]+ass[2]*u1;
x1=ass[3]*u1+ass[4]*x2;
for(i=3;i<=naf;i++) {
        u=ass[1]*spch[i]+ass[2]*u1;
        x=ass[3]*u+ass[4]*x1+ass[5]*x2;
        u1=u;
        x1=x;
        x2=x1;
        if(!(i%4)) {
                pbuf[k]=x;
                k++;
        }
}
atc(&pbuf[1],a,nf,4);
for(j=1;j<=nf;j++) {
        if(j>=4)
                pbuf[j-4] = Direct(p,&a[-1],4,d,pbuf[j]);
```

```
                else
                        Direct(p,&a[-1],4,d,pbuf[j]);
}
m = nf - 4;
mp = (int)m - (int)(naf*5./64);
abuf[1]=0.;
for(i=1;i<=m;i++)
        abuf[1]+=pbuf[i]*pbuf[i];
for(k=2;k<=mp;k++) {
        abuf[k]=0.;
        for(i=1;i<=m-k+1;i++) {
                abuf[k]+=pbuf[i]*pbuf[i+k-1];
        }
}
amax=abuf[MAXDP];
l= MINDP;
for(i= MINDP;i<=min(mp-1,MAXDP);i++) {
        if(abuf[i]>amax) {
                l=i;
                amax=abuf[i];
        }
}
p1=pitch[1];
p2=pitch[2];
p3=pitch[3];
if(amax==0.) goto L110;
if(abuf[l] < abuf[l-1] || abuf[l] < abuf[l+1]) goto L110;
aa=(abuf[l-1]-abuf[l]+abuf[l+1]-abuf[l])/2.;

bb=(abuf[l+1]-abuf[l-1])/4.;
rl=l-bb/aa;
v= (abuf[l]-bb*bb/aa)/abuf[l];
dd = (32.-1)/13;
```

```
                v=v/dd;
                if(v > .25) goto L100;
                if(p1==0.) goto L110;
                if(v > .10) goto L100;
L110:   p0=0.;
            goto L120;
L100:   p0=r1;
L120:   if(fabs(p1-p3)<(0.375*p3))
                        p2=(p1+p3)/2;
                if(p3==0. && p2!=0.)
                        if(fabs(p0-p1) < (0.2*p1))
                                p2=2*p1-p0;
                if(p1 ==0.)
                        if(fabs(p2-p3)>(0.375*p3))p2=0.;
                pitch[3]=p2;
                pitch[2]=p1;
                pitch[1]=p0;
        if(p2 < 1.0) return(0);
        return((unsigned char)(4*(p2-1.0)));
}


double
Direct(double *a,double *p,int m,double *d,double xin)
{
                double xout = 0;
                int ip,jj;

                d[1]=xin;
                for(ip=1;ip<=m;ip++) {
                        jj=m+1-ip;
                        xout+=d[jj+1]*p[jj+1];
                        d[1]-=a[jj+1]*d[jj+1];
                        d[jj+1]=d[jj];
```

```
        }
        xout+=d[1]*p[1];
        return(xout);
}

double atc(double x[], double *a, unsigned short naf, unsigned short nfc)
{
        double r[20],s;
        double rc[20],at;
        double alpha;
        int k,np;
        int minc,ip,mh,ib;

        for(k=1;k <=nfc+1; k++)
                for(np= 1,r[k-1]=0; np <= naf-k+1; np++)
                        r[k-1] += x[np-1]*x[np+k-2];
        if(r[0] == 0.) {
                for(k= 0;k < nfc; k++)
                        rc[k]= 0;
                return(0);
        } else
                rc[0]= -r[1]/r[0];
        a[0] = 1.;
        a[1] = rc[0];
        alpha = 0;
        alpha = r[0] + r[1]*rc[0];

        for(minc=2; minc <= nfc;minc++) {
                for(ip=1,s=0; ip <= minc; ip++) {
                        s += r[minc-ip+1]*a[ip-1];
                }
                if(alpha == 0.)
                        printf("Warning, alpha is zero.\n");
```

```
            else
                    rc[minc-1]= -s/alpha;

            mh = minc/2+1;

            for(ip = 2; ip <= mh; ip++) {
                    ib=minc-ip+1;
                    at=a[ip-1]+ rc[minc-1]*a[ib];
                    a[ib] += rc[minc-1]*a[ip-1];
                    a[ip-1]=at;
            }

            a[minc] = rc[minc-1];
            alpha += rc[minc-1]*s;

            if(alpha < 0) {
#ifdef EXPER
                    printf("警告. 奇行列.\n");
#endif
                    return(0);
                    }
            }
            return(alpha);
}


double
sqr(double x)
{
        return(x*x);
}
#define DO do
#define RETURN return
#define IF if
```

```
double EFFLAT (unsigned short NSIG, unsigned short NSTAGE, char *SIG, double *RC)
{
        double A [16],SCR [16],Y;
        double PHI [16][16],C;
        double SUM1,SUM3,SUM4,SUM6,SUM7,SUM9;
        double FPLUSB,TEMP;
        int M,mp1,mmi;
        int I,ip1,J,K,kp1mj;
        int np1,np2,nsp2,im1,np2mi,nsp2mi;
        int mm1,mm2,mp1mi,mp1mj,np2mj,nsp2mj;

        np1 = NSTAGE+1;
        np2 = NSTAGE+2;
        nsp2 = NSIG+2;
        J = 1;
        DO {
                TEMP=0;
                K=np1;
                DO {
                        kp1mj = K+1-J;
                        TEMP += SIG[K]*SIG[kp1mj];
                } while ( ++K <= NSIG);
                PHI[1][J] = TEMP;
        } while (++J <= np1);
        I=2;
        DO {
        im1 = I-1;
        J=1;
        DO {
                PHI[I][J]=PHI[J][I];
        } while ( ++J <= im1);
```

```
                np2mi = np2-1;
                nsp2mi = nsp2-1;
                J=1;
                DO {
                        np2mj = np2-J;
                        nsp2mj = nsp2-J;

PHI[I][J]=PHI[I-1][J-1]+SIG[np2mi]*SIG[np2mj]-SIG[nsp2mi]*SIG[nsp2mj];
                } while ( ++J <= np1);
                } while ( ++I <= np1);
                FPLUSB=PHI[1][1]+PHI[2][2];
                C=PHI[1][2];
                RC[1]=0;
                IF(C!=0.0)
                        RC[1]= -2*C/FPLUSB;
                A[1]=RC[1];
                M= 2;
                DO {
                mp1=M+1;
                mm1=M-1;
                SUM1=0;
                SUM3=0;
                SUM4=0;
                SUM6=0;
                I=1;
                DO {
                        ip1=I+1;
                        SCR[I]=A[I];
                        mp1mi = mp1-I;
                        SUM1+= A[I]*(PHI[1][ip1]+PHI[mp1][mp1mi]);
                        SUM3+= A[I]*(PHI[1][mp1mi]+PHI[ip1][mp1]);
                        Y= sqr(A[I]);
                        SUM4+= Y*(PHI[ip1][ip1]+PHI[mp1mi][mp1mi]);
```

```
                SUM6+= Y*PHI[ip1][mp1mi];
} while (++I <= mm1);
SUM7=0;
SUM9=0;
IF(M.!= 2)
{
                mm2 = M-2;
                I=1;
                DO {
                ip1=I+1;
                mp1mi = mp1-I;
                J=ip1;
                DO {
                Y= A[I]*A[J];
                mp1mj = mp1 - J;
                SUM7+=Y*(PHI[ip1][J+1]+PHI[mp1mi][mp1mj]);
                SUM9+=Y*(PHI[ip1][mp1mj]+PHI[J+1][mp1mi]);
                } while (++J <= mm1);
                } while (++I <= mm2);
}
FPLUSB=PHI[1][1]+PHI[mp1][mp1]+2*(SUM1+SUM7)+SUM4;
C=PHI[1][mp1]+SUM3+SUM6+SUM9;
RC[M]=0;
IF(C!=0.0)
                RC[M]= -2*C/FPLUSB;
I=1;
DO {
                mmi = M-I;
                A[I]=SCR[I]+ RC[M]*SCR[mmi];
} while (++I <= mm1);
A[M]=RC[M];
} while (++M <= NSTAGE);
RETURN FPLUSB*(1.-sqr(RC[NSTAGE]))/2;
```

제7장 선형예측계수를 고음질 저용량 문자음성출력기개발 *191*

}

```
unsigned short aben(char y[], unsigned short n)
{
        int i;
        unsigned short e;

        for(i=0, e = 0; i < n; i++)
                e += abs(y[i]);
        return(e);
}

unsigned short zecr(char ix[], unsigned short n)
{
        unsigned short nz,i;

        for(i = 0, nz = 0; i< n-1; i++)
        if(ix[i]*ix[i+1] <= 0)
                nz++;
        return(nz);
}
```

8.3) merge

```
#include <iostream.h>
#include <io.h>
#include <conio.h>
#include <stdio.h>
#include <stdlib.h>
#include <string.h>
#include <fcntl.h>
#include <time.h>
#include <sys\stat.h>
```

192 음성의 분석 및 합성과 그 응용

```c
#include <math.h>
char *malloc();
/* 音節別로 錄音된 여러 音聲壓縮資料綴을 한 資料綴로 合함. */
void main(int argc, char **argv)
{
    /*
                    4 bytes 'RIFF'
        |*|         4 bytes <length>
        |*|         4 bytes 'WAVE'
        |*|         4 bytes 'fmt '
        |*|         4 bytes  <length>         ; 10h - length of 'data' block
        |*|         2 bytes   01              ; format tag
        |*|         2 bytes   01              ; channels (1=mono, 2=stereo)
        |*|         4 bytes   xxxx            ; samples per second
        |*|         4 bytes   xxxx            ; bytes per second
        |*|         2 bytes   01              ; bytes per sample
        |*|         2 bytes   08              ; bits per channel
        |*|         4 bytes 'data'
        |*|         4 bytes <length>
        |*|           bytes <sample data>
        |*|
    */
    int i = 1,j;
    int in,out;
    char pfname[20];
    unsigned char *para_buffer;
    unsigned long plength, ynsk = 0;
    FILE *outadd,*fopen();

    if(argc <2) {
            printf("source data file: ");
            scanf("%s",argv[1]);
    }
```

```c
        if((out = open("para.dat",O_WRONLY|O_BINARY|O_CREAT,S_IWRITE)) == -1) {
            fprintf(stderr,"cannot open para.dat.\n");
                exit(1);
        }
        outadd = fopen("padd.dat","a");
        /* if((outadd = fopen("padd.dat","a")) == NULL) {
            fprintf(stderr,"cannot open padd.dat.\n");
                exit(1);
        } */
        while(i < argc ) {
                if((in = open(argv[i],O_RDONLY|O_BINARY)) == -1) {
                        fprintf(stderr, "cannot open %s\n",argv[i]);
                        exit(1);
                }
//          printf("%s 로부터 슘.\n",argv[i]);
/*
            Initial
*/
            /* Check File */
            if((plength = filelength(in)) != -1L) {
                para_buffer = (unsigned char *)malloc(plength);
                        read(in, para_buffer, plength);
            }
            if(para_buffer[0]!='K'&&para_buffer[4]!='r') {
                        printf("%s는 正式綴 아녀요.\n",argv[i]);
                        exit(1);
                }
            free(para_buffer);
                close(in);
            for(j=0;argv[i][j]!='.';j++)
            pfname[j] = argv[i][j];
            pfname[j] = 0;
            fprintf(outadd,"%s, 0x%x, ", pfname, ynsk);
```

```
            ynsk += plength;
            write(out, para_buffer, plength);
            i++;
        }
        close(out);
    fclose(outadd);
}
```

8.4) adtts

```
#include <iostream.h>
#include <io.h>
#include <conio.h>
#include <stdio.h>
#include <stdlib.h>
#include <string.h>
#include <fcntl.h>
#include <time.h>
#include <sys\stat.h>
#include <math.h>
#define EXPER
#define HEADLEN 33L
#define UNIT 128
#define SMAX 400
#define HALF 0x40
#define PREM 0.875
#define HDRV 1.0
#define LDRV -1./(pich-1) /* pich-1 times */
#define WORD short
#define BYTE unsigned char
typedef struct syllable {
        char *sword;
        unsigned int swadd;
```

제7장 선형예측계수를 고음질 저용량 문자음성출력기개발 *195*

```
        };
/*
syllable paraset[] = {
  { "안", 0x0000 }, { "녕", 0x02dd }, { "하", 0x0582 }, { "심", 0x078d },
  { "니", 0x0a08 }, { "까", 0x0c21 }, { "큐", 0x0de7 }, { "네", 0x101d },
  { "트", 0x1299 }, { "임", 0x147b }, { "다", 0x16db }, { "박", 0x18af },
  { "경", 0x1a3d }, { "범", 0x1c8f }
};
*/
#include "paraset.txt"
double twomul(int,double,double *,double *);
void main()
{
        /*
                        4 bytes 'RIFF'
                |*|     4 bytes <length>
                |*|     4 bytes 'WAVE'
                |*|     4 bytes 'fmt '
                |*|     4 bytes <length>         ; 10h - length of 'data' block
                |*|     2 bytes 01               ; format tag
                |*|     2 bytes 01               ; channels (1=mono, 2=stereo)
                |*|     4 bytes xxxx             ; samples per second
                |*|     4 bytes xxxx             ; bytes per second
                |*|     2 bytes 01               ; bytes per sample
                |*|     2 bytes 08               ; bits per channel
                |*|     4 bytes 'data'
                |*|     4 bytes <length>
                |*|       bytes <sample data>
                |*|
        */
        unsigned char wavehead[40], fact[14], dlength[4];
        union {
                        unsigned long kh;
```

```
                    char ej[4];
        } wlen;
        int             yeb,ysk,i,nn, out, in, spex,ipc,ivr,ivl,ivlst,ifc;
        double    drv[SMAX];
        int             naf,kaf,lratio=100,hratio=100,eratio=100;  /* 길이,
높이, 성량의 조절 */
        unsigned char nflt, nfltp2, para_buffer[HEADLEN];
        double    gain,gainr,gainl,sigma;
        int             pichr,pichl,pich;
        double    yrev;
        char            y, iy[256], rci[20], genspeech[16],clearlotus[4];
        double    rcr[20], rcbuf[20], rc[20], rcl[20];
        int             headcheck = 1;
        char            inputstring[80];

        printf("合成綴名 %s\n","ttsout.wav");
        for(i=0;i<20;i++) {
                rc[i]=0.;
                rcr[i]=0;
                rcl[i]=0.;
                rcbuf[i]=0.;
        }
        pich= 0;
        for(i=0;i<256;i++)
                iy[i] = (char)0x80;
        pichr=0;
        nn= 0;
        gain=0;
        gainr=0;
        spex = 0;
        ifc= 0;
        ipc=0;
        yrev=0;
```

```
              pich1=0;
              ivr=0;
              ivl=1;
              gain1=0;
              wlen.kh = 0;

              if((out = open("ttsout.wav",O_WRONLY|O_BINARY|O_CREAT,S_IWRITE)) == -1) {
                        fprintf(stderr,"ttsout.wav를 合成못함.\n");
                        exit(1);
              }

for(; ;) {
scanf("%s",inputstring);
if(strcmp(inputstring,"끝") == 0 || strcmp(inputstring,"") == 0) break;
              if((in = open("para.dat",O_RDONLY|O_BINARY)) == -1) {
                        fprintf(stderr, "%s를 읽지못함.\n",genspeech);
                        exit(2);
              }
for(ysk = 0; inputstring[ysk] != NULL; ysk += 2) {
              strncpy(clearlotus,&inputstring[ysk],2);
              clearlotus[2] = NULL;
              for(yeb=0;paraset[yeb].sword;yeb++) {
                        if(strcmp(clearlotus,paraset[yeb].sword)==0) {
                                  lseek(in,paraset[yeb].swadd,SEEK_SET);
                                  goto nanippo;
                        }
              }
              if(paraset[yeb].sword==0) {
                        fprintf(stderr, "%s는 정의되지 않았음.\n",clearlotus);
                        break;
              }
}
nanippo:
/*
```

Initial

*/

```
/* Check File */
read(in, para_buffer, HEADLEN);
if(para_buffer[0]!='K'&&para_buffer[4]!='r') {
        printf("正式綴이 아님.\n");
        exit(1);
}
printf("百分率 出力調節. 길이 높이 聲量 入力要. 不要時 'n' 入力.\n");
printf("            [ 長短 高低 强弱 ]                  \n");
scanf("%d%d%d",&lratio,&hratio,&eratio);
naf = para_buffer[30]+144;
kaf = int(float(naf-para_buffer[31])*(lratio/100.));  /* 길이調節 */
nflt = para_buffer[32];
nfltp2 = nflt+2;
unsigned long plength = 0,plcnt = 0;
plength = (unsigned long)(para_buffer[27])+
                ((unsigned long)(para_buffer[28]) << 8)+
                ((unsigned long)(para_buffer[29]) << 16);
read(in, wavehead, 40);
if (wavehead[38] == 'f')
        read(in, fact, 14);
if(headcheck) {
        write(out,wavehead,40);
        if (wavehead[38] == 'f')
                write(out, fact, 14);
        headcheck = 0;
}
while (plcnt < plength) {
        if(ipc >= pich) {
                ipc=0;
                if(ifc >= kaf) {
                        ifc -= kaf;
```

```
                        for(i=0;i <nfltp2;i++)
                                    rcl[i]= rcr[i];
                        pichl=pichr;
                        gainl=gainr;
                        ivlst=ivl;
                        ivl= ivr;
                        if(ivlst && !ivl)
                                    for(i=0;i < nfltp2;i++)
                                                rcbuf[i]=0.;
                        if(read(in,rci, nfltp2) <= 0) {
                                    printf("係數誤謬.\n");
                                    exit(0);
                        }
                        if(rci[0]) {
                                    spex = 1;
                                    plcnt += nfltp2;
                        } else {
lseek(in,-(long)nflt-1L,SEEK_CUR);
                                    spex = 0;
                                    plcnt++;
                        }
                        for(i= 2;i <nfltp2;i++)
                                    rcr[i]= rci[i]/127.9;
                        sigma=(double)((float)((unsigned
char)rci[0])*(eratio/100.));  /* 聲量調節 */
                        pichr= (int)((float)rci[1]*(hratio/100.));  /* 높이
調節 */
                        if(pichr) { /* voiced */
                        gainr= sigma/sqrt((double)naf);
                                    ivr = 1;
                        } else {   /* unvoiced */
                        gainr= sigma*sqrt(3./naf)*10.;
```

```
                    ivr = 0;
                }
        }
        if(spex) {
                if(ivr&&ivl) {
        pich = (pichr*ifc+pichl*(kaf-ifc))/kaf;
                        drv[0]= HDRV;
                        for(i=1;i<SMAX;i++)
                                drv[i]= LDRV;
                                for(i=2;i<nfltp2;i++)
        rc[i] = (rcr[i]*ifc+rcl[i]*(kaf-ifc))/kaf;
        gain = (gainr*ifc+gainl*(kaf-ifc))/kaf;
                } else {
                        if(ivl)
                                        pich = pichl;
                        else
                                        pich=kaf-ifc+1;
                        drv[0]= 0.;
                        for(i=1;i<SMAX;i++)
                                drv[i]= 0.;
                        for(i=2;i<nfltp2;i++)
                                        rc[i] = rcl[i];
                        gain = gainl;
                }
                if(ivl)
                                gain *= sqrt((double)pich);
        } else {
                for(i=0;i<nfltp2;i++) {
                        rc[i]=0.;
                        rcr[i]=0.;
                        rcl[i]=0.;
                        rcbuf[i]=0.;
                }
```

제7장 선형예측계수를 고음질 저용량 문자음성출력기개발

```
                    gain=0;
                    gainr=0;
                    yrev=0;
                    ivr=0;
                    ivl=1;
                    gainl=0;
                }
            }
            if(spex) {
                if(!ivl) {
                drv[ipc] = ((double)((rand()&0xff)-UNIT)/UNIT)*0.2;
                y = (char)(twomul(nflt,drv[ipc],&rc[2],rcbuf)*gain);
                    } else
                y=(char)(twomul(nflt,drv[ipc],&rc[2],rcbuf)*gain+yrev*PREM);
                } else
                    y = 0;
                iy[nn] = 0x80 + y;
                yrev=y;
                ifc++;
                nn++;
                ipc++;
                if(nn >= kaf) {
                        write(out,iy,kaf);
                        wlen.kh += (unsigned long)kaf;
                        nn= 0;
                }
            }
        }
    } // while inputstring[ysk]
} // while input not ended
        char *copyright = "KBPark & Qnet.";
        write(out,copyright,14);
        write(out,'\0',1);
```

```
            lseek(out,40L,SEEK_SET);
            if (wavehead[38] == 'f')
                    lseek(out,14L,SEEK_CUR);
            write(out,wlen.ej,4);

            wlen.kh += 51;
            if (wavehead[38] == 'f')
                    wlen.kh += 14;
            lseek(out,4L,SEEK_SET);
            write(out,wlen.ej,4);
            printf("\n音聲合成完了.\n");
            close(out);
    }


    double twomul(int m, double ep, double *rc, double *rcbuf)
    {
            int i;

            for(i = m-1; i >= 0 ;i--) {
                    ep -= rc[i]*rcbuf[i];
                    rcbuf[i+1] = rcbuf[i] + rc[i]*ep;
            }
            return(rcbuf[0] = ep);
    }
```

【 참고문헌 】

[1] J.D.Markel & A.H.Gray, "LInear Prediction of Speech", Springer- Verlang,Berlin,1976

[2] IEEE,"Programs for Digital SIgnal Processing",Digital Signal Processing Committee

[3] L.R.Rabiner & R.W.Schafer,"Digital Processing of Speech Signals", PRENTICE-HALL

[4] Alan V.Oppenheim & Ronald W.Shfer,"Digital Signal Processing",1974

[5] Ronald W.Shafer & John D.Markel,"Speech Analysis",IEEE Press

[6] Lawrence R.Rabiner & Bernard Gold,"Theory and Applications of Digital Signal Processing",PRENTICE-HALL

[7] Ronald N. Bracewell,"The Fourier Transform and its Applications", McGRAW-HILL

[8] 안현순, "터보C로 구현한 과학기술계산 프로그래밍", 가남사, 1992

[9] 小池恒彦 外, "音聲情報工學", NTT技術移轉株式會社, 昭和62年

[10] 박경범 "선형예측분석법에 의한 음성의 압축과 재생", 하늘소, 1994

찾아보기

【ㄱ】

감쇄 82
계수신호 22
고속 푸례변환 67
구간중복설정 82
국어구문분석 157
국어음운연구 157
극점 67
기본주기 22
기하평균 32

【ㄴ】

난수발생기 116

【ㄷ】

단순화주파수표 27
대칭성 78
디지탈 신호 15

【ㅁ】

매체 9
무성음 43
무음성 43
문자음성출력기 155
미디어 9

【ㅂ】

반사계수 74
받아적기 150
발생인자 15
변수보간 129
보간법 48
분석구간 89
비정상과정 89

【ㅅ】

사각창 82
선강조 84
선형보외법 58
성도려과계수 29
수렴 79
순간박동의 배열 22
시스템 19

【ㅇ】

압축비 147
역강조 84
역주파수표 65
역푸례변환 64
영교차율 92
외국어 청취 150

원천부호화　18
위상차　64
유사도　31
음성　13
음성검출　91
음성인식　158
음소　14
음악교육프로그램　155
음치　154
의미인식　158
이득　132
이산신호　113
인공지능　41

【ㅈ】

자동가창시스템　154
잔차신호　53
잡음　28
재귀적연산　148
저표본화　47
적응차이진수화법(ADPCM)　17
전자악기　158
절대에너지　91
정방형행렬　77
정상과정　72
정현파　29
주기검출　40
주기동기식　130
주파수영역　64

【ㅍ】

파동　12
파형부호화　17
표본화율　47
표준편차　155
푸레변환　63

【ㅎ】

한계효용　146
해밍창　82
화일형식　128

source coding　15
waveform coding　15

◆ 저 자 소 개 ◆

朴京範

　　　　　서울대학교 自然科學大學 計算統計學科 卒業
　　　　　韓國電子通信硏究所 硏究員
　　　　　金星情報通信(株) 硏究所 硏究員
　　　　　(株)다우기술 附設硏究所 次長
　　　　　成一情報通信(株) 附設硏究所長
~현재　　自由技術開發者(프리랜서)
　　　　　文藝作家
　　　　　컴퓨터 및 情報通信分野 專門書籍 著述家

音聲의 分析과 合成 시뮬레이션
全電子交換機(TDX) 개발환경을위한 C프로그램개발
DSP에 의한 非音聲信號處理
사운드카드에서의 PCM音聲入出力프로그램개발
사운드카드에서의 FM음원칩구동기 開發
컴퓨터 소리詩集 '하이네' 發表
高速整數演算音聲壓縮器 'ACEH' 開發
미디 音樂情報 自動壓縮器 開發

　　　　　　　　　　　　　- 著書 -

음성의 분석 및 합성과 그 응용
컴퓨터 입문서 <컴퓨터 에세이>
國語의 構文分析과 情報科學的 意味
文學作品 多數

음성의 분석과 합성의 원리

원판발행	1994 음성의 압축과 재생(하늘소)
	1997 음성의 분석 및 합성과 그 응용(그린)
	2001 同 개정판 (그린)
개정초판발행	2025년 5월 30일
著者	朴京範 (박경범)
發行者	崔禎恩
發行所	도서출판 恩範商會(은범상회)
	京畿道始興市鳥南洞171-21
	https://blog.naver.com/eunbeom24
申告番號	2024-000029號
電話	(031) 405-2962
값	19000圓